베드로

인간적인 너무나 인간적인 제자

이동원 목사 지음

도서출판 나침반社

MEMBER OF THE
EVANGELICAL CHRISTIAN PUBLISHERS ASSOCIATION
● 본사는 세계적으로 권위있는 출판사들의 모임인 「국제 기독교 복음주의 출판인 협회」의 회원사입니다.

종합선교 - 나침반 출판사 / 그리스도인들의 성장을 돕습니다.

110 - 616 서울·광화문 우체국 사서함 1641호 ☎(02)2279-6321~3/주문처(02)2606-6012~4

• • •

COMPASS HOUSE PUBLISHERS

A DIVISION OF NACHIMVAN (=COMPASS) MINISTRIES
KWANGHWAMOON P. O. BOX 1641, SEOUL 110-616, KOREA

베드로 - 인간적인 너무나 인간적인 제자

인간적인 너무나 인간적인 베드로
시몬 베드로는 으뜸된 주의 제자로
맨 처음 부르심 받아
뜨거운 열정으로 주를 따라간
우리의 사표(師表)요 거울입니다

그러나 그가 걸어간 길에는
우리와 너무 유사한
실패, 넘어짐의 상흔들이 있어서
내가 걷는 그 길과 닮은
눈물과 회한의 기억을 품고 있습니다

그러나 그의 재기의 몸짓에서
인간 베드로의 용기가 아닌
주님의 넉넉한 사랑을 호흡함으로
나의 실패가 나의 마지막 이야기일 필요 없는
희망의 상징을 만날 수 있습니다

오, 나의 분신 시몬 베드로님이시여
당신 안에서 나는 나의 부끄러움을 청산하고
당신 안에서 내 영광의 미래를 만나고자 합니다.

주후 1998년을 맞이하며

이동원

이동원 목사

● 차례 ●

1
이름이 바뀌다

요한복음. 1장 35~42절

"또 이튿날 요한이 자기 제자 중 두 사람과 함께 섰다가 예수의 다니심을 보고 말하되 보라 하나님의 어린양이로다 두 제자가 그의 말을 듣고 예수를 좇거늘 예수께서 돌이켜 그 좇는 것을 보시고 물어 가라사대 무엇을 구하느냐 가로되 랍비여 어디 계시오니이까 하니 (랍비는 번역하면 선생이라) 예수께서 가라사대 와 보라 그러므로 저희가 가서 계신 데를 보고 그 날 함께 거하니 때가 제십시쯤 되었더라 요한의 말을 듣고 예수를 좇는 두 사람 중에 하나는 시몬 베드로의 형제 안드레라 그가 먼저 자기의 형제 시몬을 찾아 말하되 우리가 메시야를 만났다 하고 (메시야는 번역하면 그리스도라) 데리고 예수께로 오니 예수께서 보시고 가라사대 네가 요한의 아들 시몬이니 장차 게바라 하리라 하시니라 (게바는 번역하면 베드로라)."

우리는 예수님의 수제자이자 가장 열정적이면서도 또한 가장 비겁하고 너무나 인간적이었던 제자 베드로를 통해서 우리와 아주 흡사한 한 인간을 보게 됩니다. 그렇기에 베드로가 어떻게 주님을 만났고 어떻게 주님을 따르게 되었으며 어떻게 그의 생애를 주님 앞에 내어　드릴 수 있었는지를 살펴보면서, 우리의 나아가야 할 삶의 방향과 품어야 할 비전이 어떠해야 하는지 깊이 생각해 보는 기회를 갖게 될 것입니다.

한 인물을 연구할 때는 대개 그의 출생에서부터 이야기를 시작하는 것이 통상적인 순서입니다. 그러나 오늘 우리는 베드로와 예수님의 첫 만남에서부터 얘기를 시작하려고 합니다. 그리스도인들의 생애에 그리스도와의 만남보다 더 중요한 사건은 없습니다. 이것을 다르게 말하면 "회심(回心)의 사건"이라고 할 수 있습니다. 베드로라는 평범한 인물이 이제까지 걸어왔던 인생의 방향을 바꾸고 하나님의 자녀가 될 수 있었던 것은 다름 아니라 그의 생애에 예수님과의 만남이 있었기 때문입니다.

사실 성경은 예수님을 만나기 전에 베드로가 어떤 삶을 살았는지에 대해서는 그다지 많은 정보를 전하고 있지 않습니다. 성경을 통해 알 수 있는 베드로의 배경이라면 그가 결혼한 사람이며 어부였고 갈릴리 바다 근처 마을인 벳새다 출신이라는 것 정도가 전부입니다. 사실 진정한 인생은 예수님을 만나면서부터 시작된다고 해도 과언이 아니므

로, 베드로의 이전 삶에 대해 알 수 없다 해도 그리 아쉬
워할 이유는 없습니다.

요한복음 1장 35~42절에는 베드로가 어떤 정황 가운데
서 예수님을 만나 회심하게 되었는지 그 배경이 잘 나타나
있습니다. 베드로의 회심의 배경을 우리는 "안드레의 회
심"과 "안드레의 전도"라는 두 가지 측면에서 살펴볼 수 있
습니다.

첫째 / 안드레의 회심

베드로가 회심하기 전에 먼저 베드로의 형제였던 안드레의
회심이 있었습니다. 우리 주변에도 보면 가족 중에 한 사
람이 먼저 예수를 믿음으로써 그 외의 가족에게 복음이 전
해지는 경우가 많습니다. 베드로와 마찬가지로 안드레에
대해서도 성경은 그다지 많은 이야기를 해주고 있지 않습
니다. 베드로와 마찬가지로 안드레도 벳새다 출신이라는
것과 그의 이름에 "남자답다"는 뜻이 담겨 있다는 정도가
알려진 전부입니다. 성경은 예수님을 만나기 전의 배경에
대해서는 별로 관심을 갖지 않습니다. 그것이 바로 성경이
취급하고 있는 전기(傳記)와 일반 전기의 확연한 차이입니
다. **누가 어디서 태어났고 어떻게 성장했는가 하는 것은 그
다지 중요하지 않습니다. 어떻게 예수를 만났느냐 하는 것이
중요합니다. 예수님을 만남으로써 새로운 인생이 시작되기**

때문입니다.

　교회사에서 가장 중요한 인물 하면 역시 베드로를 꼽을 수 있을 것입니다. 베드로는 3천 명이나 되는 군중을 한 번에 회개시키고 수많은 사람들을 그리스도 앞으로 인도하여 초대교회의 기초를 쌓은 사람이었습니다. 그는 심지어 가톨릭에서조차 초대 교황으로 추대된 인물이었습니다. 그러나 베드로 못지않게 중요한 인물이 안드레입니다. 안드레가 아니었다면 베드로도 있을 수 없었기 때문에 그렇습니다.

　그렇다면 안드레가 예수님을 믿게 된 경위가 무엇입니까? 본문에 따르면 그는 침례(세례) 요한의 설교를 듣고 예수님을 영접했습니다. 본문에 등장하는 요한의 제자 두 사람은 아마도 안드레와 사도 요한이었을 것입니다. 침례 요한이 이 두 제자와 함께 있다가 예수께서 다니시는 것을 보고는 "보라 하나님의 어린양이로다"라는 말로써 설교를 시작했습니다.

　이것이 설교입니다. 설교를 아무리 잘해도 "예수가 우리 구세주시다"라는 핵심이 빠진다면 훌륭한 강연일 수는 있어도 제대로 된 설교일 수는 없습니다. **유창한 강연이 때로는 사람의 마음을 울리고 감동을 주기도 하지만 그러나 그것으로는 구원을 얻을 수 없습니다. 구원은 오직 예수님이 그리스도라는 사실을 믿을 때 이뤄집니다.**

　침례 요한의 설교를 듣고 두 제자가 보인 반응이 무엇입
니까? 그때부터 그들은 예수님을 좇기 시작했습니다. 요한
의 설교가 그들에게 구원의 계기를 마련해 준 것입니다.
그러나 안드레가 예수님을 영접하게 된 데에는 설교말고도
한 가지 계기가 더 있었습니다. 예수님을 개인적으로 체험
한 것이 바로 그 두번째 계기입니다. 요한의 제자 둘이 좇
는 것을 보시고 예수께서는 그들에게 "무엇을 구하느냐?"
고 물으십니다. 우리 같으면 뭐라고 답변했겠습니까? 어쩌
면 『전세살이 지긋지긋하오니 집 한 채 주시옵소서』라고
했을는지 모릅니다. 그러나 안드레와 요한은 도리어 『랍비
여 어디 계십니까?』라고 반문합니다. 왜 그랬습니까? 예수
님과 계속 교제하고 싶었기 때문입니다.

　**예수님을 참으로 만난 사람의 증거가 무엇입니까? 예수님
을 계속 만나고 싶어하는 마음이 있다면 그 사람은 진짜로 예
수님을 만난 것입니다.** 예수님이 내 삶의 구주이시고 내 삶
의 주인이시라는 것을 확실하게 체험했다면 한 번 만난 것
으로 끝날 수는 없는 법입니다. 그래서 예수님을 계속 만
나고 싶어합니다. 예수님과 교제하고 싶어합니다. 결국 그
날 두 제자는 예수님과 함께 거했습니다. 예수님과 함께
머물면서 교제했습니다. 그렇습니다. 진정으로 예수님을
만난 사람은 그분과의 교제 속에 들어갑니다. 이렇게 안드
레에게는 예수님과의 교제의 체험이 있었습니다. 예수님과
시간을 보낸 안드레는 이 좋은 예수님을 내 형제들은 왜

모를까 하는 생각을 하게 되었고 그 결과 형제인 베드로에게 복음을 전하게 된 것입니다.

이렇듯 베드로가 회심하게 된 배경 속에는 형제의 회심이 먼저 있었습니다. 그렇습니다. 내기 먼저 믿어야 합니다. 단순히 믿는 데서 한걸음 더 나아가 제대로 믿어야 합니다. 제대로 믿고 제대로 예수님을 체험할 때 우리는 침묵할 수가 없게 됩니다. 우리에게 행복과 희망의 원인이 되어 주신 놀라우신 사랑의 주님을 전하지 않고는 견딜 수 없는 열정이 자연스럽게 끓어오르게 마련입니다. 이렇듯 안드레의 회심과 열정이 베드로를 예수님과 상관 있는 인물로 만들어 주었던 것입니다.

둘째 / 안드레의 전도

가까운 사람들에게부터 복음을 전하는 것이 가장 자연스러운 전도의 원리요 전도의 시작입니다. 사도행전 1장에서 예수께서 승천하시기 전에 하신 말씀이 무엇입니까? "오직 성령이 너희에게 임하시면 너희가 권능을 받고 예루살렘과 온 유대와 사마리아와 땅 끝까지 이르러 내 증인이 되리라"(8절)고 하셨습니다. 복음 증거의 출발처가 어디입니까? 예루살렘입니다. 이 말은 곧 자신이 거하는 삶의 자리에서부터 복음 증거가 시작되어야 한다는 의미입니다.

복음서에 보면 예수께서 거라사인의 지방에 가셨다가 귀신 들린 사람을 고쳐 주시는 사건이 나옵니다(막 5장 참조). 귀신에게서 해방받아 정신이 온전해진 이 사람은 자기를 낫게 해준 예수님과 함께 머물고 싶어했습니다. 그러나 예수님은 그것을 허락지 않으시고 "집으로 돌아가 주께서 네게 어떻게 큰 일을 행하사 너를 불쌍히 여기신 것을 네 친속에게 고하라"(19절)고 하십니다. **이것이 주님이 기대하시는 것입니다. 예수께서는 그분을 만나면서 소유하게 된 기쁨과 행복을 가까운 사람들과 먼저 나누기를 바라십니다.** 물론 복음을 나누어도 받아들이지 않는 사람들이 있습니다. 그래서 때로는 길고 긴 고통의 싸움이 시작되기도 합니다. 그럼에도 불구하고 복음을 먼저 나눈다는 것은 여전히 귀하고 아름다운 일입니다.

안드레 역시 예수님을 만난 후 본격적으로 전도를 시작합니다. 그는 먼저 자기 형제 시몬에게 찾아갔습니다. 안드레에게는 가장 우선하여 복음을 전할 사람이 바로 자기 형제 시몬이었던 것입니다. 안드레가 전한 메시지는 간단명료합니다. "우리가 메시야를 만났다"는 것이 메시지의 주된 내용이었습니다.

메시야는 예수님의 이름이 아닙니다. 메시야는 아람어로서 헬라어로는 그리스도에 해당하는 말입니다. 그리스도라는 말에는 "기름 부음을 받은 자"라는 뜻이 담겨 있습니다.

이스라엘 사람들은 구약 시대 때부터, 하나님이 기름 부어서 특별히 보내실 자를 기다려 왔습니다. 구약성경에 근거해 볼 때 이스라엘 사회에서 기름 부음을 받아야 하는 직책은 왕·제사장·선지자로서 세 가지였습니다. 왕다운 왕이 없고 제사장다운 제사장이 없으며 선지자다운 선지자가 없어 고통 받는 이스라엘 백성들에게 하나님께서는 장차 왕과 제사장과 선지자의 사명을 한꺼번에 완성할 수 있는 분, 즉 메시야를 보내 주시마고 약속하셨습니다. 하나님께 기름 부음을 받은 그 메시야가 이 땅에 오시면 그가 이 땅을 다스릴 것이며(왕의 역할) 이 땅의 죄와 고통의 문제를 해결할 것이고(제사장의 역할) 이 땅을 향하신 하나님의 메시지를 전해 줄 것이라고(선지자의 역할) 하셨습니다.

그래서 이스라엘 사람들은 메시야의 도래를 손꼽아 기다렸습니다. 그런데 안드레가 예수님를 만나고 나서 뭐라고 합니까? "우리가 예수를 만났다"고 하지 않고 "메시야를 만났다"고 했습니다. 이것이 기독교의 핵심 메시지입니다. 예수는 그리스도이십니다. 내 삶의 모든 문제를 한꺼번에 해결하시는 구원의 주님이십니다. 이것이 바로 전도의 메시지입니다. 안드레는 이 분명한 전도의 메시지를 체험적으로 전했습니다.

그런데 사실은 "우리가 메시야를 만났다"는 표현보다는 "우리가 메시야를 찾았다"는 표현이 더 정확한 번역입니다. 아마도 안드레를 포함한 모든 이스라엘 백성들은 마음으로 메시야를 찾고 있었을 것입니다. 찾는 자가 찾게 마련입니다. 물론 구원은 하나님께서 하시지만, 하나님께서는 한 사람을 구원하시기 전에 먼저 그 마음속에 그리스도를 만나고자 하는 열망을 주십니다. 구하는 자가 얻을 것이고 찾는 자가 찾을 것이며 문을 두드리는 자에게 열릴 것입니다. 이 "찾았다"는 말이 헬라어로는 『유레카』(eureka)입니다. 이것은 아르키메데스의 유명한 일화 덕분에 널리 알려진 단어이기도 합니다. 그리스도를 발견한 기쁨을 찬양하는 성도가 되시기 바랍니다.

자신이 만난 메시야를 베드로에게 소개한 후 안드레가 취한 행동이 무엇이었습니까? 베드로를 예수께로 데리고 나오는 것이었습니다. 여기서 우리는 개인 전도의 정의(定義)를 볼 수 있습니다. 한 사람을 예수께로 데리고 나오는 것이 바로 개인 전도입니다. 물론 상대를 교회로 인도하는 것도 매우 중요합니다. 그러나 그것으로 그쳐서는 안 됩니다. 교회를 통해서 예수께로 인도할 수 있어야 합니다. 만일 예수께서 베풀어 주신 구원에 대한 감사의 마음이 있다면 전도하는 성도가 되시기를 바랍니다.

시몬에서 베드로로

그렇다면 전도의 결과는 무엇입니까?

"데리고 예수께로 오니 예수께서 보시고 가라사대 네가 요한의 아들 시몬이니 장차 게바라 하리라 하시니라 (게바는 번역하면 베드로라)"(42절).

베드로의 본래 이름은 시몬입니다. 예수께서 이 시몬을 만나서 제일 처음 하신 말씀이 바로 "장차 게바라 할 것이다"였습니다. 『게바』는 아람어로서 이에 대한 헬라어는 "베드로"입니다. 베드로의 뜻이 무엇입니까? 반석입니다. 반석이라고 하면 어떤 이미지가 생각납니까? 육중한 안정감의 이미지가 떠오를 것입니다. 그렇다면 베드로가 그토록 안정된 사람이었단 말입니까? 그런 것은 아닙니다. 그에게도 불안정한 모습은 있었습니다. 주님을 위해 충성을 다하겠노라며 굳은 결의를 보이다가도 사태가 불리해지면 얼마든지 달라질 수 있는 우리 같은 사람이었습니다.

그러나 예수께서는 시몬의 현재가 아니라 그의 나중을 생각하시면서 "네가 장차 게바라 하리라"고 말씀하십니다. 베드로의 인생이 달라질 것을 확신하고 계셨던 것입니다. 예수님은 사람들에게 이런 식의 선언을 종종 해주셨습니다. 이것은 변화의 선언이요, 가능성의 선언이며, 위대한 선언입니다. 예수님을 만나는 사람마다 인생이 변화될 수 있다는 것을 믿으시기 바랍니다. 베드로는 주님께서 주신

새 이름입니다. 베드로가 그 이름에 걸맞는 구실을 하는
것은 나중 일입니다. 예수를 믿자마자 제자다운 구실을 하
게 되는 것은 아닙니다. 그러나, 아직은 온전하지 못하다
하더라도 예수님 앞으로 나왔다는 자체가 아주 희망스러운
일입니다.

물론 시몬이 베드로가 되었다고 해서 시몬이 아예 없어
진 것은 아닙니다. 베드로가 다시금 실수를 하거나 실패할
때면 예수님은 재미있게도 베드로를 베드로라 부르지 않으
시고 시몬이라고 부르셨습니다. 그 대표적인 예가 요한복
음 21장과 누가복음 22장에 나옵니다. 부활하신 뒤 예수
께서는 갈릴리 바다에서 베드로를 만나 주십니다. 그토록
예수님을 부인하고 저주했던 이 제자를 만나신 예수께서는
그를 가리켜 다시금 "요한의 아들 시몬아"라고 부르십니
다. 또 베드로의 부인(否認)을 예언하실 때도 "시몬아, 시
몬아"라고 부르셨습니다.

시몬이 옛 사람을 대표한다면 베드로는 새 사람을 대표
합니다. 시몬이 옛 성품을 대표한다면 베드로는 새로운 성
품을 대표합니다. **예수님 앞에 나와 그분을 구주와 주님으
로 받아들이는 순간 우리 안에 새 생명이 주어집니다. 달리
말해, 새로운 사람이 될 수 있는 가능성이 주어진다는 것입
니다.** 그렇다고 옛 사람이 아주 없어집니까? 우리 안에 임
하신 새 생명 때문에 주께서는 우리를 새 사람으로 인정하

시지만 그럼에도 불구하고 옛 성품은 여전히 존재합니다. 그래서 그리스도인의 삶을 시작한다는 것은 어떤 의미에서 새로운 삶을 향해 나아가는 위대한 첫걸음이기도 하지만 갈등의 시작이기도 합니다. 그러나 장차 주님께서 우리를 변화시켜 주실 깃입니다. 새롭게 하실 것입니다. ㄱ 주님을 신뢰하고 찬양하면서 저 높은 곳을 향해 나아가시기 바랍니다.

예수 믿는 사람들의 중요한 책임은 자기 안에 있는 새로운 성품이 자신을 온전히 지배할 수 있도록 지속적인 성숙의 길을 걸어가는 것입니다. 자기를 부인하는 것은, 곧 내 속에 아직도 남아 있는 끈질긴 죄성(罪性)을 극복하는 것입니다. 옛 사람을 극복하고 새로운 사람을 긍정하며, 예수 그리스도께서 내 삶의 온전한 주인이 되시도록 그분의 주권 앞에 삶을 겸허히 복종시키는 것이 바로 성숙한 자의 모습입니다. 예수님을 만난 후에도 베드로는 많이 넘어졌지만 결국은 승리의 자리에 서게 됩니다. 베드로의 인생 속으로 찾아오셨던 주님께서 당신 인생에도 찾아오신 것에 감사하십시오. 그리고 그분께서 주신 새로운 가능성과 새로운 희망과 새로운 영광을 인하여 기뻐하십시오. 그리고 주님을 바라보며 주님과 함께 저 높은 곳을 향하여 계속 걸어가시기 바랍니다.

2
새로운 소명에
그물을 버리다

누가복음 5장 1~11절

"무리가 옹위하여 하나님의 말씀을 들을새 예수는 게네사렛 호
숫가에 서서 호숫가에 두 배가 있는 것을 보시니 어부들은 배
에서 나와서 그물을 씻는지라 예수께서 한 배에 오르시니 그
배는 시몬의 배라 육지에서 조금 띄기를 청하시고 앉으사 배에
서 무리를 가르치시더니 말씀을 마치시고 시몬에게 이르시되
깊은 데로 가서 그물을 내려 고기를 잡으라 시몬이 대답하여
가로되 선생이여 우리들이 밤이 맞도록 수고를 하였으되 얻은
것이 없지마는 말씀에 의지하여 내가 그물을 내리리이다 하고
그리한즉 고기를 에운 것이 심히 많아 그물이 찢어지는지라 이
에 다른 배에 있는 동무를 손짓하여 와서 도와달라 하니 저의
가 와서 두 배에 채우매 잠기게 되었더라 시몬 베드로가 이를
보고 예수의 무릎 아래 엎드려 가로되 주여 나를 떠나소서 나
는 죄인이로소이다 하니 이는 자기와 및 함께 있는 모든 사람
이 고기 잡힌 것을 인하여 놀라고 세베대의 아들로서 시몬의
동업자인 야고보와 요한도 놀랐음이라 예수께서 시몬에게 일러
가라사대 무서워 말라 이제 후로는 네가 사람을 취하리라 하시
니 저희가 배들을 육지에 대고 모든 것을 버려두고 예수를 좇
으니라."

본문에는 베드로가 예수 그리스도의 제자로서 소
명을 받고 주님을 따르는 사건이 등장합니다.
이로써 베드로는 사람을 섬기고 사람을 변화시키는 삶을
시작하게 됩니다. 고기 잡던 어부가 사람 낚는 어부가 된
것입니다.

하나님께 쓰임 받는 인생보다 더 값진 인생은 없을 것입
니다. 살기는 살고 있는데 그 인생이 쓸모 없고 가치 없는
인생이라면 이처럼 저주스러운 일도 없을 것입니다. 큰 일
이든 작은 일이든 그 가치 있는 일을 위해 내 인생이 소중
히 쓰임을 받고 있다면 그것이 인생의 행복입니다. 하나님
께서는 그분의 백성들이 하나님 나라를 위해 쓰임 받기를
소원하십니다. 그래서 시몬 베드로를 부르셨던 주님은 오
늘도 저와 당신을 부르고 계십니다.

본문은 베드로와 예수님의 첫 만남이 있은 지 아홉 달
정도 지난 후에 일어난 사건일 것으로 추정됩니다. 예수께
서는 시몬 베드로의 인생 속에서 이루어져야 할 구체적인
변화와 사역을 위해서 어느 날 다시금 그의 삶 한가운데로
찾아오십니다. 예수님과의 이 두 번째 만남에서 베드로는
세 가지 영역에서 테스트를 받습니다. 하나님께서는 사람을
쓰시기 전에 먼저 그가 쓰임 받을 자격이 있는지 없는지에
대해 테스트를 하십니다. 우리 역시 쓰임 받는 사람이 되
려면 이 테스트들을 통과해야 합니다.

첫째 / 섬김의 테스트

섬김의 사람이 되지 않고는 주님께 쓰임을 받을 수가 없습니다. 섬기기 위해서는 내어 놓아야 합니다. 붙들고 있는 것들을 주께 내어 드릴 수 있어야 합니다. 특별히 자신의 시간과 소유와 몸을 드릴 줄 알아야 합니다. 이러한 섬김의 기본적 자질을 갖추고 있지 못하다면 하나님께 쓰임 받을 수가 없습니다.

우선 예수께서 베드로를 찾아오신 시각을 유의해서 보시기 바랍니다.
"무리가 옹위하여 하나님의 말씀을 들을새 예수는 게네사렛 호숫가에 서서 호숫가에 두 배가 있는 것을 보시니 어부들은 배에서 나와서 그물을 씻는지라"(1, 2절).
베드로를 포함한 어부들이 배에서 내려 그물을 씻고 있었습니다. 그렇게 하루 일과를 마무리짓고 집으로 돌아가려고 하던 차에 예수님이 오셔서 배를 다시 띄우라고 하십니다. 베드로는 계획에 없던 일이지만 주님의 요구에 그대로 따릅니다. 주님께 쓰임 받고자 하는 사람들은 이렇듯 시간을 드릴 줄 알아야 합니다. 자신이 짜 놓은 시간표가 있지만 하나님이 요구하실 때 자기의 시간을 드릴 줄 아는 것이 그리스도께 대한 헌신의 출발입니다.

베드로는 시간뿐 아니라 물질과 관련된 섬김의 테스트도

받습니다. 3절을 보십시오.

"예수께서 한 배에 오르시니 그 배는 시몬의 배라 육지에서 조금 띄기를 청하시고."

다시 말하면 베드로의 배를 좀 쓰겠노라고 주께서 말씀하신 것입니다. 1절에 보면 말씀을 듣기 위해서 많은 사람들이 예수께서 계신 게네사렛 호숫가로 몰려든 것을 알 수 있습니다. 육성(肉聲)으로 많은 사람들에게 말씀을 증거하려면 청중과의 거리가 다소 떨어져 있어야 합니다. 이 상황에서 예수님은 배를 강단으로 이용하는 것이 가장 알맞겠다고 생각하셨던 모양입니다. 그러나 베드로 입장에서 보자면 이제 힘겨운 하루 일을 마치고 집에 가려는 어부에게 다시 배 좀 쓰자고 하는 것은 기분 좋은 부탁일 리 없었습니다. 하지만 베드로는 주님의 요구에 순순히 응했습니다. 안드레로부터 예수님이 메시야라는 소리는 들었지만 아직까지 베드로는 예수님이 누구인지 확실히 모르고 있었을지 모릅니다. 그럼에도 불구하고 그는 가치 있고 귀한 일을 위해 자기 것을 내어 드릴 줄 아는 헌신의 마음을 가진 자였습니다.

배에 오르사 가르치기를 다하신 예수께서 베드로에게 아주 색다른 부탁을 한 가지 더 하십니다. 깊은 데로 가서 다시 한번 그물을 던지라는 것입니다. 어찌 보면 얼토당토 않은 요구였지만 그래도 베드로는 자기 몸을 드려 주님의 요구에 응합니다.

구체적인 헌신은 시간을 드리고 물질을 드리고 자기 몸을 드리는 데 있습니다. 될 수 있는 대로 자기 이익을 챙기고 손해 보지 않는 삶을 살려고 하는 사람은 손해는 안 볼지 모르지만 하나님께 쓰임 받는 인생은 살 수 없습니다. 주께서 원하신다면 언제든지 자신을 주 앞에 드릴 준비가 되어 있는 사람을 주님은 지금도 찾으십니다. 주님께서 쓰시고자 할 때 자신이 가진 시간과 물질과 몸을 기꺼이 드릴 수 있도록 항상 준비되어 있는 성도가 되시기를 바랍니다.

둘째 / 믿음의 테스트

"시몬에게 이르시되 깊은 데로 가서 그물을 내려 고기를 잡으라"(4절).

고기 잡는 일에 관한 한 누가 전문가입니까? 베드로입니다. 세속적인 직업으로 말하자면 예수님은 목수였습니다. 그런데 아버지를 도와 목수 보조 일을 하시던 주님께서 지금 바다에서 잔뼈가 굵은 이 전문 어부에게 거꾸로 명령을 하고 있는 것입니다. 설사 베드로가 예수께 "당신, 내가 누군 줄 아시오? 나는 갈릴리 바다에서 고기 잡는 일로 잔뼈가 굵은 사람이란 말이오. 지금 무슨 말을 하고 있는 겁니까?"라는 식의 반응을 보였더라도 전혀 어색할 것이 없는 상황이었습니다. 그러나 베드로는 "말씀에 의지하여 내가 그물을 내리리이다" 하며 말씀에 순종합니다. **예수님의 말씀을 신뢰하고 있었던 것입니다.** 예수님 자신이나 그분의

**말씀에 대한 믿음이 없이는 아무도 그리스도를 따라갈 수 없
고 하나님의 일을 할 수 없습니다.**

그런데 어떤 성경학자는 이런 지적을 합니다. 이때 시몬
베드로에게 믿음이 있기는 있었지만 그 믿음이 온선한 것
은 아니었다고 말입니다. 그렇게 주장하는 근거는 이렇습
니다. 즉, 예수께서 "깊은 데로 가서 「그물」을 내려 고기
를 잡으라"고 하셨을 때 그물은 복수인 데 반해 베드로가
"우리들이 밤이 맞도록 수고를 하였으되 얻은 것이 없지마
는 말씀에 의지해서 내가 「그물」을 내리리이다"라고 했을
때의 그물은 단수라는 것입니다. 다시 말해, 예수님은 가
진 그물을 다 내려 고기를 잡으라고 하셨는데 베드로는
'에이, 뭐. 내가 밤새도록 애써도 못 잡은 고기가 이제사
잡힐 리가 있나. 그래도 밑져야 본전이니 믿어 보고 그물
하나만 내려 보지 뭐'라고 생각했을 수 있다는 말입니다.

그런데 결과는 어떠했습니까? 얼마나 많이 잡혔습니까?
그물이 찢어질 정도로 많이 잡혔습니다. 그래서 어떤 성경
학자는 그물이 찢어지는 순간 베드로의 자아(自我)와 그의
얄팍한 인간적인 계산과 합리적인 이성(理性)도 함께 찢어
지고 있었다고 말합니다. 베드로는 어쩌면 주님을 온전히
신뢰하지 못한 것에 대해 후회하고 있었을지도 모릅니다.
예수님을 100% 신뢰하고 그물을 모두 내렸더라면 그물이
찢어질 필요가 없었을지도 모릅니다. 주님을 온전히 신뢰

하고 따를 때 손해는 결코 없다는 사실을 믿으시기 바랍니다. 예수님을 믿되 철저하게 믿는 성도가 되시기를 바랍니다.

셋째 / 순종의 테스트

"깊은 데로 가서 그물을 내려 고기를 잡으라"(4절).

이것이 무엇입니까? 명령입니다. 베드로는 이 명령에 순종했습니다. 또 본문과 같은 상황을 언급하고 있는 다른 복음서를 보면 예수께서 "나를 따라오너라"고 말씀하시는 장면도 나옵니다(마 4:18~22 / 막 1:16~20 참조). 그때에도 베드로는 예수님의 명령에 순종하여 따라갔습니다. 주님의 명령에 순종해서 따라가는 것 이것이 제자로서의 삶의 시작이 된 것을 알 수 있습니다. 순종하지 못하는 사람은 쓰임 받을 수가 없습니다.

때로는 주께서 내리시는 명령이 합리적으로 보이지 않을 때가 있습니다. 이 순간 이 시점에서는 이해되지 않을 수 있습니다. 그런데 주님께서는 순종하는 사람들을 쓰십니다. 주께서는 지금도 순종의 자질을 갖추고 있는 사람들을 찾고 계십니다.

누가 주님의 손에 붙들림을 받아 쓰임 받을 수가 있는가? 섬김의 자질이 있는 사람, 믿음의 자질이 있는 사람,

순종의 자질이 있는 사람입니다. 이제 이렇게 기도하십시
오.

"주여 나로 진실로 내 모든 것을 드려 주와 주님이 맡겨
주신 사람들을 섬기게 하옵소서. 주님과 주님의 말씀에 온
전한 신뢰를 갖게 하옵소서. 그리고 주님의 말씀 앞에 이
의 없이 복종할 수 있는 그런 순종의 결단을 하게 하옵소
서."

주께서는 지금도 이런 사람들을 쓰시기 위해 찾고 계십니
다.

두 가지 위대한 발견

이러한 일련의 테스트 과정을 통해 시몬 베드로는 두 가지
놀라운 깨달음을 얻게 됩니다. 하나는 예수님이 누구이신
가에 대한 깨달음이고 다른 하나는 자기 자신이 누구인가
에 대한 깨달음입니다. 이러한 깨달음이 없이는 아무도 진
정한 그리스도인이 될 수 없고 또 그리스도의 참된 제자가
될 수 없습니다.

이런 일련의 과정을 통해서 시몬 베드로는 아마도 예수
님이 하나님이시라는 사실을 깨달았을 것입니다. 예수님에
대한 베드로의 호칭이 변하고 있는 것을 보면 알 수 있습
니다.

"시몬이 대답하여 가로되 「선생이여」 우리들이 밤이 맞도

록 수고를 하였으되 얻은 것이 없지마는"(5절).
예수님이 메시야라는 지식은 베드로도 이미 갖고 있었습니다. 그러나 이 시점에서 그가 그 사실을 얼마만큼이나 확신하고 있었는지는 정확히 알 수 없습니다. 처음에 베드로는 존경의 뜻에서 "선생"이라는 호칭을 사용합니다. 그러나 그물이 찢어질 정도로 고기가 많이 잡히자 "주여"로 호칭이 바뀝니다(8절 참조). 왜 그랬을까요? 고기 잡이 전문가인 자신도 모르는 바다 속을 꿰뚫어 보고 계시며 고기떼의 행방을 눈에 보듯 알고 계신 분이 바로 하나님이시라는 것을 깨달았기 때문입니다.

그 순간 시몬 베드로 앞에 서 계신 분은 존경할 만한 스승이 아니라 하나님의 거룩한 신성(神性)을 소유하신 그리스도였습니다. 그래서 베드로는 이렇게 고백합니다.
"주여 나를 떠나소서 나는 죄인이로소이다"(8절).
그러나 "나는 죄인이로소이다"라는 고백은 사실 문맥상 매우 부자연스럽습니다. 기대하지도 않았는데 그물이 찢어질 정도로 고기가 많이 잡혔다면 일반적으로 보일 수 있는 반응은 어떤 것입니까? 매우 놀라며 함성을 지르는 것일 것입니다. 그러나 베드로는 이상하게도 "나는 죄인입니다"라는 고백을 불쑥 합니다. 그가 왜 이런 고백을 할 수밖에 없었을까요? 지금 내 앞에 서 계신 분이 단순히 선생이 아니라 저 깊은 바다 속 사정까지 다 아시는 전능하신 하나님이시라면 자신의 마음 깊은 곳을 모르실 리 없기 때문입니다.

　베드로가 이렇게 예수 그리스도를 하나님으로 발견하고
자신의 죄인 됨을 발견하고 주 앞에 엎드리는 순간 모든
것이 달라집니다. 이 두 가지 발견이 없이 아무도 진정한
의미에서의 그리스도인이 될 수 없습니다. 교회를 수십 년
동안 다녀도 삶에 변화가 없는 사람들은 결국 이 두 가지
를 발견하지 못해서 그렇습니다. **예수님은 하나님이십니다.**
그리고 우리는 죄인입니다. 이것이 가장 중요한 발견입니다.
이 사실을 알지 못하고서는 아무도 진정한 그리스도인이 될
수 없습니다. 이 두 가지를 발견하고 엎드려 예수 그리스도
를 자신의 구주와 주님으로 참으로 의지할 때 진정한 의미
에서 제자의 삶이 시작됩니다.

위대한 삶으로의 첫걸음

"예수께서 시몬에게 일러 가라사대 무서워 말라 이제 후로
는 네가 사람을 취하리라"(10절).
예수님의 하나님 되심과 자기 자신의 죄인 됨을 발견하는
순간 베드로의 인생에 전혀 새로운 소명이 주어집니다. 예
수께서는 베드로에게 이제부터는 고기잡이가 아니라 이 세
상 무엇보다도 소중한 사람을 섬기고 복음을 전하고 변화
시켜 하나님의 사람으로 만드는 놀라운 일에 쓰임 받게 될
것이라고 말씀하십니다.

예수님의 부르심에 베드로를 포함한 사람들이 어떤 반응
을 보입니까?
"저희가 배들을 육지에 대고 모든 것을 버려두고 예수를
좇으니라"(11절).
이제는 "모든 것"이 문제가 아닙니다. 하나님의 사람들을
섬기고, 또 사람들을 하나님의 사람이 되게 하는 이 위대
한 사역을 위해 베드로는 가지고 있던 모든 것을 버리고
예수님을 좇아가기 시작합니다. 제자의 삶이 시작되는 순
간입니다. 제자란 따라가는 사람을 뜻합니다. 예수께서 어
디로 인도하시든 이제 쓰임 받는 삶을 살기 위해서 그리고
그분이 나를 통해서 성취하고자 하시는 그 고귀한 목표를
이루어 드리기 위해 그리스도를 따라가는 것이 제자의 삶
입니다. 당신의 생애 속에 그렇게 첫걸음을 내딛은 순간이
있으셨습니까?

우리가 소유한 모든 것은 주님의 부르심에 비하면 아무
것도 아닙니다. 주께서 원하시면 자신이 가진 모든 것을
기꺼이 던지고 주님을 따라갈 수 있는 인생들, 주께서는
지금도 이런 사람들을 찾으십니다. 이런 사람들을 통해서
세상을 변화시키기를 원하십니다. 이런 사람들을 통해서
그리스도의 복음을 전하기를 원하십니다. 어느 날 갑자기
베드로의 인생 속에 찾아온 이 소명이 당신의 인생 가운데
도 있었습니까? **물론 목사나 전도사나 선교사처럼 특수한
의미의 소명을 받는 사람들도 있지만, 모든 그리스도인들은**

**보편적으로 예수 그리스도의 제자가 되고 또 다른 사람을 그
리스도의 제자로 삼는 일에 부르심을 받았다고 할 수 있습니
다.** 주님은 그분을 만난 모든 사람들에게 이런 삶을 요구하
십니다.

　주님을 따라간다는 것이 쉬운 일은 아닙니다. 그렇기에
쉽게 결단할 수 없는 일입니다. 주님께서 나를 험한 산비
탈로 데리고 올라가신다면 나는 주님을 따라 그 산등성을
올라야 합니다. 사드락 메삭 아벳느고처럼 풀무 불 속으로
인도하신다면 그 불 속에라도 따라가야 합니다. 그러나
"주님이 나를 어디로 인도하시든 따르겠습니다"라는 고백
이 드려지는 순간 위대한 삶의 첫 행보는 시작됩니다. 그
것이 비록 편안한 삶은 아닐지라도 가치 있고 고귀하고 후
회 없는 인생임에는 틀림없습니다. 부디 이런 제자의 소명
을 받는 성도가 되시기를 바랍니다.

　집에 사 놓은 물건들 가운데 어떤 물건은 사기는 했지만
전혀 쓰임 받지 못하고 집안 한구석에 방치된 물건들이 있
는가 하면 어떤 물건들은 소중하게 쓰임 받는 것들이 있습
니다. 당신은 쓰임 받는 행복이 어떤 것인지 아십니까? 쓰
임 받는 기쁨을 아십니까? 쓰임 받는 보람을 아십니까? 모
든 그리스도인들이 반드시 다 똑같은 방식으로 쓰임을 받
는 것은 아닙니다. 쓰임 받는 방법은 사람마다 다릅니다.
그러나 분명한 것은, 헌신된 사람들을 주님께서 예외 없이

다 쓰신다는 것입니다. 작은 그릇은 작은 그릇대로 큰 그
릇은 큰 그릇대로 모두가 다 소중하게 쓰임을 받습니다.
부디 하나님께 쓰임 받는 성도가 되시기를 바랍니다.

3
믿음의 시험대 위에 서다

마태복음 14장 22~33절

"예수께서 즉시 제자들을 재촉하사 자기가 무리를 보내는 동안
에 배를 타고 앞서 건너편으로 가게 하시고 무리를 보내신 후
에 기도하러 따로 산에 올라가시다 저물매 거기 혼자 계시더니
배가 이미 육지에서 수리나 떠나서 바람이 거슬리므로 물결을
인하여 고난을 당하더라 밤 사경에 예수께서 바다 위로 걸어서
제자들에게 오시니 제자들이 그 바다 위로 걸어오심을 보고 놀
라 유령이라 하며 무서워하여 소리지르거늘 예수께서 즉시 일
러 가라사대 안심하라 내니 두려워 말라 베드로가 대답하여 가
로되 주여 만일 주시어든 나를 명하사 물 위로 오라 하소서 한
대 오라 하시니 베드로가 배에서 내려 물 위로 걸어서 예수께
로 가되 바람을 보고 무서워 빠져 가는지라 소리질러 가로되
주여 나를 구원하소서 하니 예수께서 즉시 손을 내밀어 저를
붙잡으시며 가라사대 믿음이 적은 자여 왜 의심하였느냐 하시
고 배에 함께 오르매 바람이 그치는지라 배에 있는 사람들이
예수께 절하며 가로되 진실로 하나님의 아들이로소이다 하더
라."

야고보서 1장 2,3절은 이렇게 말씀합니다.
"내 형제들아 너희가 여러 가지 시험을 만나거든 온전히 기쁘게 여기라 이는 너희 믿음의 시련이 인내를 만들어 내는 줄 너희가 앎이라."
이 세상을 살아가는 동안 우리는 어쩔 수 없이 여러 시험을 만나게 됩니다. 여기서 사용된 "여러 가지 시험"이란 "여러 가지 색깔의 시험"을 뜻합니다. 우리가 경험하는 시험들 가운데 상당수는 믿음의 시련입니다. 즉, 우리의 믿음을 시험하기 위한 시련이라는 말입니다. 시험을 좋아하는 학생은 없지만 그러나 시험을 통해 자기 실력을 평가받을 수 있기에 시험은 필요한 것입니다. 시험을 통해 어느 부분이 부족한지 알게 되고 자신을 객관적으로 파악하게 됩니다. 그래서 그 부족한 것을 보충함으로써 실력 향상을 이루게 되고, 좀더 나은 내일을 향해서 전진할 수가 있습니다. 이렇듯 인생을 살면서 경험하는 어려움들 역시 상당수는 믿음을 더욱 견고하게 하기 위한 시험에 해당합니다.

베드로 역시 믿음의 시련을 겪습니다. 본문은 베드로와 제자들이 경험했던 믿음의 시련이 결국 베드로 자신에게 어떤 기회가 되었는지에 대해 말씀하고 있습니다.

첫째로, 주님의 기적을 체험하는 기회가 되었습니다.

그래서 위기는 언제나 기회일 수 있습니다. 위기는 위태로운 것이고 위험한 것이지만 그 안에는 항상 기회가 있습니다. 그리스도인들에게도 위기는 하나님께서 주시는 기회입니다. 하나님의 기적을 체험할 수 있는 기회입니다.

본문의 배경은 이렇습니다. 오병이어 사건 이후 무리들은 예수님을 왕으로 추대하려고 했습니다. 물론 예수님은 왕이십니다. 그러나 세상 사람들이나 제자들이 생각하는 그런 왕은 아니었습니다. 예수님은 자신을 단순히 정치적인 왕으로 옹립하려는 움직임에 대해 기뻐하지 않으셨습니다. 그래서 오병이어의 기적을 베푸신 후 제자들을 게네사렛 지역으로 서둘러 보내시고(22절) 자신은 기도하러 산에 올라가십니다.

공간적으로 주님 곁을 떠나서 배를 타고 바다를 건너던 제자들에게 풍랑이 닥칩니다. 갈릴리 바다 한복판에서 험한 물결 때문에 겁에 질려 있는 제자들과 또 그 가운데 끼어 있는 베드로의 모습을 상상해 보십시오. 우리는 예수님을 믿습니다. 그리고 예수님이 우리 구주와 주님이신 것을 확신합니다. 그리고 그분이 우리를 위해 기도하고 계시다는 사실도 잘 알고 있습니다. 그러나 때때로 우리는 예수님의 임재(臨在)를 깨닫지 못한 채 마치 우리들 홀로 이 고해(苦海) 같은 세상에 던져진 것처럼 낙망할 때가 많이 있습니다. 본문의 제자들이 처한 상황이 바로 이런 상황이었습니다.

그러나 주님은 제자들이 고난을 당하도록 그대로 버려두지 않으셨습니다. 예수님은 산에서 기도하면서 제자들을 위해서도 기도하셨을 것입니다. 제자들을 위해서 기도하시다가 제자들이 갈릴리 바다 한복판에서 큰 물결을 만나 고생하고 있는 모습을 보신 것입니다. 본문에는 나오지 않지만 같은 사건을 취급하고 있는 마가복음 6장 48절에는 "바람이 거스리므로 제자들의 괴로이 노 젓는 것을 보시고"라고 기록되어 있습니다. 주님은 모든 상황을 다 보고 계셨습니다. 그리고는 얼른 제자들이 있는 곳으로 다가오셨습니다.

"안심하라 내니 두려워 말라"(27절).

주님은 언제나 우리가 당하는 고난의 현장을 지켜 보고 계십니다. 그리고 이 고난이 감당할 수 없는 큰 무게로 다가올 때 우리 곁으로 달려오십니다. 그리고 "안심하라 내니 두려워 말라"고 말씀하십니다. 이것을 확신하시기 바랍니다.

그러나 제자들은 물 위를 걸어오시는 분이 주님이라는 것을 모르고 혹 유령이 아닐까 하여 더 큰 공포에 휩싸입니다. 모두들 당황하고 있는데 베드로가 수제자답게 불쑥 나서더니 엉뚱한 요청을 합니다.

"베드로가 대답하여 가로되 주여 만일 주시어든 나를 명하사 물 위로 오라 하소서 한대"(28절).

살려 달라는 것도 아니고 도와달라는 것도 아니고 자기를 명하여 물 위를 걷게 하라는 것입니다.

어떻게 보면 지금 베드로가 주님을 시험하고 있는 건지
도 모릅니다. 하나님은 시험 자체를 즐겨 하지 않습니다.
그렇기에 종종 시험을 금하기도 하셨습니다. 그럼에도 불
구하고 우리 마음의 동기(動機)가 선할 때 주님은 기쁘게
시험을 당해 주십니다. 또 때로는 이렇게나마 주님 앞에
담대하게 나오지 못하는 제자들 때문에 안타까워하기도 하
십니다. 그래서 때로는 하나님을 시험할 것을 명하기도 하
셨습니다.
"만군의 여호와가 이르노라 너희의 온전한 십일조를 창고
에 들여 나의 집에 양식이 있게 하고 그것으로 나를 시험
하여 내가 하늘 문을 열고 너희에게 복을 쌓을 곳이 없도
록 붓지 아니하나 보라"(말 3:10).
기드온의 경우에도 하나님께서는 기꺼이 시험을 당해 주셨
습니다(삿 6:36~40).

아마도 베드로는 선한 동기에서 예수께 그런 부탁을 했
을 것입니다. 자기 자신을 드러내 보이고 싶어서라기보다
는, 유령처럼 보이는 저 사람이 정말 자기가 믿고 따르는
주님이신지 확인하고 싶은 마음이 앞섰을 것입니다. 또 빨
리 달려가서 주님의 품에 안식하고 싶은 마음도 없지 않아
있었을 것입니다. 이러한 베드로의 요구에 예수께서는 "오
라"고 말씀하시고 베드로는 배에서 내려 물 위로 성큼 걸

어갑니다. 기적 같은 일이 벌어진 것입니다. 결국, 베드로
와 제자들에게 닥친 믿음의 시련이 베드로로 하여금 오히
려 물 위를 걷는 기적을 체험하게 하는 놀라운 기회가 된
것입니다.

꼭 어떤 잘못을 했거나 죄를 지었기 때문이 아니라도 때
로는 삶에 곤란이 닥칠 수 있으며, 그것은 종종 믿음의 시
련일 수 있습니다. 이런 시련이 다가올 때는 낙망하기보다
오히려 하나님의 기적을 체험할 수 있는 기회임을 믿으시
기 바랍니다.

둘째로, 자신의 믿음을 점검하는 기회가 되었습니다.

베드로가 계속해서 주님을 신뢰하는 마음으로 시선을 주님
께 고정시켰다면 그는 끝까지 물 위를 걸어갈 수 있었을
것입니다. 그러나 베드로는 바람을 보고 무서워했고 그 순
간 물 속으로 빠져 들어갔습니다. 시선을 주님에게서 떼고
일렁거리는 파도를 바라본 것이 문제였습니다. 한 성경학
자가 여기서 재미있는 상상을 했습니다. 이때 어쩌면 의심
많은 도마가 배에 앉아서 "베드로 형제, 저 밀려오는 파도
를 보시오"라고 부추겼을지도 모른다는 상상입니다. 믿음
대로 살려고 하면 늘 방해하는 사람은 있게 마련입니다.
아무튼, 바람과 파도를 바라보는 순간 베드로는 물 속으로
빠져 들어가고 맙니다.

물 속으로 빠져 들면서 베드로가 소리 칩니다.

"주여 나를 구원하소서."

그러자 예수님은 즉시 베드로를 잡아 이끄시며 "믿음이 적은 자여 왜 의심하였느냐"고 말씀하십니다. "믿음이 없다"고는 하지 않으셨습니다. 이 사실을 기억하시기 바랍니다. 베드로는 믿음이 없는 사람이 아닙니다. 주님이 "오라" 하실 때 주저 없이 물 위를 걸은 것만 봐도 알 수 있습니다. 그러나 그에게는 주님을 향한 지속적인 신뢰가 부족했습니다. 주님에게서 시선을 떼고 환경을 바라보는 순간부터 그의 발걸음은 흔들리기 시작했습니다. 똑같은 상황은 아니지만 누가복음 8장에서도 예수님은 광풍에 호들갑을 떠는 제자들을 보시고 "너희 믿음이 어디 있느냐"(25절)고 책망하십니다.

물 위를 걷다 빠진 베드로나, 폭풍에 "죽게 생겼다"며 요란하게 예수님을 깨우는 제자들이나 믿음 없는 사람들은 아니었습니다. 특수한 상황에서 믿음을 적용하는 데 실패한 것뿐입니다. **우리 역시 주님을 믿는 사람들입니다. 그럼에도 불구하고 특별한 상황에 부딪쳤을 때는 믿지 않는 사람처럼 행동하기도 합니다. 그러나 저는 그것이 바로 "신앙인의 불신앙"이라고 생각합니다.** 예수께서는 그런 우리들을 향해 "믿음이 적은 자여 왜 의심하였느냐", "왜 나를 계속해서 신뢰하지 못하였느냐", "네 믿음이 어디 있느냐"고 책망하십니다.

베드로는 이 일을 통해 자신의 믿음이 적다는 사실을 발견하게 되었습니다. 시험을 치르면서 자신의 실력 부족을 깨달은 것입니다. 우리 역시 실패하거나 흔들리거나 상황이 어려워질 때마다 '내 믿음이 이것밖에 되지 않았나' 하고 새삼 깨닫게 됩니다. 그러나 이러한 경험은 사실 자기자신을 똑바로 보게 되었다는 점에서 유익하다고 할 수 있습니다. 자기를 파악하는 것은 언제나 유익합니다. 주제 파악조차 못하는 것이 더 큰 문제입니다. 자기를 파악한 사람은 그래도 희망이 있는 사람입니다. 그 사람에게는 믿음이 성숙할 수 있는 가능성이 있기 때문입니다.

셋째로, **주님의 구원을 체험하는 기회가 되었습니다.**

여기서의 구원(救援)은 흔히 말하는 근원적인 구원이라기보다도 어려운 상황에서의 구출을 뜻하는 것으로 생각하면 됩니다. 베드로는 실패를 통해서 주님께로부터 오는 도우심의 손길을 다시 한번 체험하게 됩니다. 어떻게 말입니까? 기도를 통해서였습니다. 물 속으로 빠져 들어가는 상황 속에서 외친 베드로의 기도야말로 이 세상에서 가장 짤막하고도 절실한 기도가 아니었나 생각해 봅니다. 절박한 상황 속에서 베드로는 길게 기도할 여유가 없었습니다. 그래서 "주여! 나를 구원하소서"라는 간단한 한마디만을 합니다. 그것이 기도의 전부였습니다.

물론 하나님 앞에 오래 엎드리는 기도도 필요합니다. 그러나 오래 기도한다고 해서 꼭 응답하시는 것은 아닙니다. 때로 하나님께서는 짤막한 기도에도 응답하십니다. 베드로는 소리 질러 외쳤습니다. 아주 절박하고 절실한 기도였습니다. "주님, 저 좀 구원해 주실래요?"라고 신사적으로 요청할 때가 아니었습니다. 그래서 "주여 나를 구원하소서"라고 외쳤습니다. 그랬을 때 예수님의 응답이 어떻게 왔습니까? 예수께서는 "즉시" 손을 내밀어 베드로를 붙잡아 주셨습니다. 베드로도 절박했고 주님도 절박하셨습니다. 절박하게 기도하면 절박하게 응답받으시는 줄 믿으시기 바랍니다.

예수님과 베드로가 함께 배에 오르자 거짓말같이 바람이 그쳤습니다. 주께서 함께하실 때 우리 인생의 장에도 곧 바람이 그칠 것입니다.

마지막 절을 보십시오.
"배에 있는 사람들이 예수께 절하며 가로되 진실로 하나님의 아들이로소이다 하더라"(33절).
이 사건이 예수님의 하나님 되심을 다시 한번 확인하는 기회가 된 것입니다. 제자들의 믿음은 시련을 통해 더욱 견고해졌습니다. 베드로의 믿음도 더 견고해졌습니다. 그렇습니다. 믿음의 시련을 통과할 때 우리의 믿음은 더욱 견고해질 것입니다. 더욱 굳센 믿음이 될 것입니다.

인생을 살아가다 보면 어느 때인가는 어려움을 경험하게
마련입니다. 범죄하거나 잘못한 일이 없는데도 삶에 어려
움이 닥친다면 그것은 대부분 믿음의 시련일 가능성이 큽
니다.

다시 말씀드리지만 이러한 시련은 세 가시 면에서 기회
가 될 수 있습니다. 첫째로, 주님의 기적을 체험하는 기회
가 됩니다. 이 어려운 상황 속에 주님의 능력과 영광이 나
타날 수 있기 때문입니다. 그 나타날 주님의 영광을 흠모
하시기 바랍니다. 둘째로, 자신의 믿음을 점검하는 기회가
됩니다. 시련 당할 때 자신의 믿음이 어떤 위치에 있는지
주목해 보시기 바랍니다. 그리고 주님을 지속적으로 신뢰
함으로써 믿음을 더욱 견고하게 하시기 바랍니다. 마지막
으로, 주님의 구원을 체험하는 기회가 됩니다. 기도했음에
도 불구하고 상황은 더 어려워질 수 있습니다. 그러나 주
님께서는 당신을 이 상황 속에 오래 버려 두지 않으실 것
입니다. 곧 다가오셔서 그분의 손을 내밀어 주실 것입니
다. 그리고 이 곤고함 속에서 구출해 주실 것입니다. 또
자신이 하나님의 아들 되신다는 것을 보여 주실 것입니다.

이 모든 과정을 통해 우리의 믿음은 성숙할 것입니다.
그러므로 시련의 폭풍우가 몰아치는 상황에서도 주님을 신
뢰함으로 승리하는 성도가 되시기를 바랍니다.

4

가버나움에서
신앙을 고백하다

요한복음 6장 59~71절

"이 말씀은 예수께서 가버나움 회당에서 가르치실 때에 하셨느
니라 제자 중 여럿이 듣고 말하되 이 말씀은 어렵도다 누가 들
을 수 있느냐 한대 예수께서 스스로 제자들이 이 말씀에 대하
여 수근거리는 줄 아시고 가라사대 이 말이 너희에게 걸림이
되느냐 그러면 너희가 인자의 이전 있던 곳으로 올라가는 것을
볼 것 같으면 어찌 하려느냐 살리는 것은 영이니 육은 무익하
니라 내가 너희에게 이른 말이 영이요 생명이라 그러나 너희
중에 믿지 아니하는 자들이 있느니라 하시니 이는 예수께서 믿
지 아니하는 자들이 누구며 자기를 팔 자가 누군지 처음부터
아심이러라 또 가라사대 이러하므로 전에 너희에게 말하기를
내 아버지께서 오게 하여 주지 아니하시면 누구든지 내게 올
수 없다 하였노라 하시니라 이러므로 제자 중에 많이 물러가고
다시 그와 함께 다니지 아니하더라 예수께서 열두 제자에게 이
르시되 너희도 가려느냐 시몬 베드로가 대답하되 주여 영생의
말씀이 계시매 우리가 뉘게로 가오리이까 우리가 주는 하나님
의 거룩하신 자신 줄 믿고 알았삽나이다 예수께서 대답하시되
내가 너희 열 둘을 택하지 아니하였느냐 그러나 너희 중에 한
사람은 마귀니라 하시니 이 말씀은 가룟 시몬의 아들 유다를
가리키심이라 저는 열 둘 중의 하나로 예수를 팔 자러라."

본 문의 사건은 가버나움이라는 지역에서 일어난 것입니다. 가버나움은 갈릴리 바다의 북서쪽에 위치한 작은 마을입니다. 지금도 성지 순례하는 사람들이 갈릴리에 가면 꼭 방문하게 되는 마을이 가버나움입니다. 오늘날의 가버나움에는 "예수님의 마을"이라는 명판이 설려 있습니다. 그리스도의 공생애 활동의 중심지 역할을 했던 마을이기 때문입니다. 본문은 예수께서 가버나움 회당에서 말씀을 전하시고 나서 제자들과 가졌던 대화 내용입니다. 특히 여기서 주목해 볼 것은 베드로의 신앙고백입니다.

본문 68절에 나타난 베드로의 신앙고백을 다시 보겠습니다.
"시몬 베드로가 대답하되 주여 영생의 말씀이 계시매 우리가 뉘게로 가오리이까."
이것은 "너희도 가려느냐" 하신 예수님의 질문에 대한 베드로의 대답입니다. 예수님을 추종하던 많은 사람들이 사실은 그들이 애당초 기대했던 모습을 예수님에게서 발견하지 못하게 되자 속속 주님 곁을 떠나기 시작했습니다. 그런 상황에서 예수께서 열두 제자들을 앞에 놓고 "너희도 가려느냐"고 물으신 것입니다. 이런 상황에서, 나서기 좋아하는 베드로가 가만히 있을 수 있었겠습니까? 베드로는 예수님의 근심 어린 물음에 당장 답변을 합니다.
"주여 영생의 말씀이 계시매 우리가 뉘게로 가오리이까.

떠나가는 군중

사실 베드로의 이 신앙고백은 요한복음 6장 전체의 배경 아래서 이해해야 합니다. 6장 첫머리에 보면 저 유명한 오병이어의 기적이 기록되어 있습니다. 5천 명 이상(아마도 만 명 이상) 되는 수많은 무리들이 배고픔 가운데 예수님을 따르고 있는 모습을 보셨을 때 주님은 연민을 느끼셨을 것입니다. 그래서 그들이 배불리 먹을 수 있도록 보리떡 다섯 개와 물고기 두 마리로 기적을 행하셨습니다. 이 놀라운 기적을 직접 체험한 사람들은 예수님에 대해 과연 어떤 생각을 했을까요?

다음 구절이 이 질문에 대해 답해 주고 있습니다. "그러므로 예수께서 저희가 와서 자기를 억지로 잡아 임금 삼으려는 줄을 아시고 다시 혼자 산으로 떠나가시니라"(15절).
기적을 체험한 사람들은 이분이야말로 정말 이 시대 사람들의 모든 필요를 채워 주고 모든 문제를 해결해 줄 분이시구나 하고 생각했습니다. 그래서 예수님을 왕으로 추대하려는 움직임이 일어나기 시작했습니다. 그들의 기대는 다분히 정치적인 기대요 물질적인 기대였습니다. 그들의 이러한 중심을 아시고 예수님은 사람들을 떠나 홀로 산으로 가셨습니다.

  그 다음에 등장하는 사건이 갈릴리 호수에서 풍랑을 만
나 고생하는 제자들을 도우러 예수께서 물 위를 걸어오시
는 사건입니다. 그 이튿날에는 무리들이 예수님을 찾으러
가버나움으로 옵니다. 이때는 오병이어 기적과 물 위를 걸
으신 기적의 여파로 예수님을 따르는 무리가 급증한 상내
였습니다. 드디어 가버나움에서 예수님을 찾은 무리들이
반색을 하자 예수께서는 뜻밖에 이런 말씀을 하십니다.
"내가 진실로 진실로 너희에게 이르노니 너희가 나를 찾는
것은 표적을 본 까닭이 아니요 떡을 먹고 배부른 까닭이로
다"(26절).

  요한복음에서는 "기적"보다는 "표적"이라는 단어가 주로
사용되고 있습니다. 표적의 경우는 일어난 사건 자체보다
도 그 사건이 가리키고 있는 것이 무엇인가 하는 데 더 큰
의미가 있습니다. 예를 들어, 경부고속도로를 타고 가다
보면 "부산 ○○km"라는 도로 표지판을 볼 수 있습니다.
그 표지판이 서 있는 곳이 부산은 아닙니다. 부산을 가리
키는 표지판이 있다고 해서 그 표지판 앞에 마냥 서 있어
서는 안 됩니다. 표적도 이와 성격이 비슷합니다. 일어난
사건 자체만 중요한 것이 아니라 그 사건이 의미하고 있는
바가 중요합니다. 그것을 깨닫지 못하고 사건 자체에만 관
심을 갖는 것은 예수님의 의도를 저버리는 행위입니다. **요
한복음에 기록된 대부분의 표적은 예수 그리스도가 하나님의
아들이시며, 하나님이시며, 구주시라는 것, 즉 예수님의 신**

성(神性)을 드러내는 데 중요한 목적이 있습니다. 그러나 예수님 주위를 둘러쌌던 무리들은 대부분 이 사실을 깨닫지 못했습니다. 그저 눈앞에서 벌어진 초자연적인 기적에 마음이 쏠려 예수님을 좇았을 뿐이었습니다.

기적의 의미에 대해선 무지한 채 무턱대고 자신을 좇는 무리들을 향해 예수님은 계속해서 흥미로운 말씀을 하십니다.

"썩는 양식을 위하여 일하지 말고 영생하도록 있는 양식을 위하여 하라 이 양식은 인자(人子)가 너희에게 주리니 인자는 아버지 하나님의 인치신 자니라"(27절).

오병이어 기적이 시사하는 바와 같이 예수님은 육체적 기갈에 대해 모른 체하시는 분이 아닙니다. 아마 예수께서 오늘 이 시대 우리 가운데 오신다면 전세계를 돌아다니면서 기아에 허덕이는 사람들의 육체적 필요를 채워 주실 것입니다. 북한 동포들의 어려움이나 아프리카 여러 나라의 허덕임을 그냥 지나치실 주님이 아니십니다. 그런 의미에서 가난한 이웃들을 돕는 것은 우리 믿는 자들의 몫이고 또 매우 중요한 일입니다. 그래서 예수님도 그런 자들을 위해 기적을 베푸셨습니다.

그러나 잊지 말아야 할 것이 있습니다. 육체적 배고픔보다 더 근본적인 문제가 영적인 기갈에 있다는 사실입니다. 육체적인 문제가 일시적으로 해결되었다 해도 영적인 문제는 아직 해결되지 않은 채 그대로 남아 있을 수 있습니다. 인간의 필요는 육체가 아닌 더 깊은 데, 즉 영혼에 있습니다. 영적인 필요가 채워지지 않는 한 사람들은 영원히 배고픈 채로 남아 있을 수밖에 없습니다. 우리는 북한 땅의 기아가 소속히 해결되고 그들에게도 인간다운 삶이 실현되도록 기도하고 물심양면으로 도와야 합니다. 그러나 북한에 육체적 양식을 공급해 주는 일로 우리 할 일을 다했다고 생각하면 큰 오산입니다. 그들에게 더 중요한 것은 영적인 양식이 공급되는 일입니다. 이 두 가지 필요에 대해 결코 망각해서는 안 됩니다.

다음 말씀에서 예수님은 바로 영적인 양식에 대해 말씀하십니다.
"썩는 양식을 위하여 일하지 말고 영생하도록 있는 양식을 위하여 하라 이 양식은 인자가 너희에게 주리니 인자는 아버지 하나님의 인치신 자니라."
이 말씀을 들은 사람들이 보인 반응이 무엇입니까? 다음 두 가지로 살펴볼 수 있습니다.

첫째로, 무슨 말씀인지 알아듣지 못했습니다.

요한복음에 보면, 많은 사람들이 예수 그리스도의 설교를 듣기는 들어도 영적으로 거듭나지 않았기 때문에 못 알아듣는 경우가 빈번히 있었던 것을 볼 수 있습니다. 오늘날도 마찬가지입니다. 세상적으로는 매우 뛰어난 학식을 갖춘 사람이라도 영적인 얘기라면 도무지 알아듣지 못하는 일들이 종종 있습니다. 진리의 말씀을 이해하는 것에 관한 한 세상의 지식은 아무런 도움도 되지 않습니다.

본문에서도 마찬가지입니다. 예수님은 계속해서 영적(靈的)인 일에 대해 말씀하시지만 사람들은 말씀의 핵심을 자꾸 놓치면서 "기적"만을 구할 뿐입니다.
"우리로 보고 당신을 믿게 행하시는 표적이 무엇이니이까 하시는 일이 무엇이니이까 기록된 바 하늘에서 저희에게 떡을 주어 먹게 하였다 함과 같이 우리 조상들은 광야에서 만나를 먹었나이다"(30, 31절).
예전에 모세가 하나님의 기적을 통해서 광야에서 배고픈 백성들에게 양식을 공급했듯이 예수 당신도 그런 기적을 계속 행하시는 것이 옳지 않느냐는 이야기입니다. 예수께서 한번 기적을 행하셨건만, 기적을 위해서 기적을 구하는 사람들의 요구는 그칠 줄 모릅니다.

이에 대해 예수님은 다음과 같이 말씀하십니다.
"내가 진실로 진실로 너희에게 이르노니 하늘에서 내린 떡은 모세가 준 것이 아니라 오직 내 아버지가 하늘에서 내린 참 떡을 너희에게 주시나니 하나님의 떡은 하늘에서 내려 세상에게 생명을 주는 것이니라 … 내가 곧 생명의 떡이니 내게 오는 자는 결코 주리지 아니할 터이요 나를 믿는 자는 영원히 목마르지 아니하리라"(32, 33, 35절).
이 비유적인 표현을 통해 예수님은 사람들이 진정으로 구
해야 할 것은 광야의 만나와 같은 육적인 양식이 아니라
바로 영적인 떡임을 시사하십니다. 그리고 계속해서, 주님
자신이 이러한 그들의 근원적인 필요를 얼마나 철저히 채
워 주실 수 있는지 은유적으로 말씀하십니다.
"나는 하늘로서 내려온 산 떡이니 사람이 이 떡을 먹으면
영생하리라 나의 줄 떡은 곧 세상의 생명을 위한 내 살이
로라"(51절).

    그러나 안타깝게도 사람들은 예수님의 말씀을 끝끝내 이
해하지 못합니다. "나의 줄 떡은 곧 세상의 생명을 위한
내 살이로라"는 말씀에, "저 사람이 어떻게 자기 살을 떼
어 우리에게 먹게 할 수가 있겠는가?" 하며 고개를 갸우뚱
거리며 서로 수군대느라 정신이 없습니다. 예수님의 말씀
을 다 듣고 난 후 사람들이 내린 결론이 무엇이었습니까?
"제자 중 여럿이 듣고 말하되 이 말씀은 어렵도다 누가 들
을 수 있느냐 한대"(60절).
심지어는 예수님을 가까이 따르던 사람들까지도 말씀의 진
의를 파악하지 못한 것입니다.

  둘째로, **실망했습니다.**

예수님의 알아듣기 어려운 말씀을 잠자코 들으면서 사람들

은 아마도 '이건 아닌데'라는 생각을 했을 것입니다. 무슨 말씀을 하고 계시는 건지 비록 명료히 와닿지는 않지만 그래도 말씀하시는 품이 그들이 기대했던 바와는 영 거리가 멀게 느껴졌을 것입니다. 그래서 예수님에 대해서 정치적이고, 물질적이고, 세속적인 기대를 가졌던 많은 사람들이 곧 실망을 하고 맙니다. 예수님만 따라다니면 어제 목격했던 오병이어 기적처럼 당장 눈앞에 필요한 양식이 제공되고, 하늘의 놀라운 기적이 연출되면서, 현실적인 모든 필요가 채워질 뿐 아니라, 결국 예수님이 왕좌에 오르시게 되면 자신들도 한몫 보게 되지 않을까 하고 기대했던 게 말 그대로 그저 기대에 불과할지도 모르겠다는 생각이 서서히 고개를 들기 시작한 셈입니다.

사람들의 이런 마음을 간파하신 예수께서는 그들을 향해 일침을 가하는 말씀을 하십니다.
"그러나 너희 중에 믿지 아니하는 자들이 있느니라"(64절).
제자를 포함한 무리들이 듣고 싶은 말씀은 따로 있었기에 예수님의 말씀이 그들 귀에 들어올 리 없었습니다. 귀에 들어오지도 않는 말씀을 믿는다는 것은 더더군다나 있을 수 없는 일이었습니다. 오늘날 교인들 가운데도 하나님의 말씀을 전체적으로 받아들이기보다 마음에 와닿는 구절만 선택적으로 받아들이는 사람들이 있습니다. 그런 사람들은 성경의 어떤 부분에 대해서는 아예 귀를 막아 버립니다.

예수께서는 그것을 불신앙이라고 말씀하십니다. 사람들은 예수님이 계속해서 육신의 필요를 채워 주는 데 관심의 초점을 두시기를 바랐습니다. 물론 예수님도 그런 필요에 관심이 전혀 없으시진 않았습니다. 그렇기에 오병이어의 기적도 베풀어 주셨습니다. 그러나 예수께서 이 땅에 오신 목적은 그보다 더욱 본질적인 필요를 채워 주는 데 있었습니다. 예수님은 사람들이 예수님의 하나님 되심을 바로 알고 믿음으로써, 영원한 생명을 얻을 뿐 아니라 하나님의 자녀가 되는 특권을 누리기를 원하셨습니다.

"이러므로 제자 중에 많이 물러가고 다시 그와 함께 다니지 아니하더라"(66절).
결국, 기대와 현실이 다르다는 것을 알고 무리 중 다수가 예수님 곁을 떠나갑니다. 본문에서 언급된 제자란 꼭 열두 제자만을 말하는 것이 아니라, 예수님을 따라다니던 무리들을 통틀어 하는 말입니다. 그들 나름대로 가지고 있었던 개인적인 욕구들이 채워질 것 같지 않자 예수님 곁을 떠나 다시는 좇지 않았다는 말입니다.

한 남자의 고백

이런 배경 아래서 예수님의 물음과 베드로의 유명한 신앙 고백이 등장하게 된 것입니다.
"너희도 가려느냐"(67절).

열두 제자를 향한 예수님의 물음입니다. 물론 이 말씀을
하실 때 예수님은 열두 사람 중 한 사람은 그분 곁을 떠나
갈 것을 아셨습니다. 그 사람이 누구입니까? 가룟 유다입
니다. 그 역시 엄선된 제자의 무리에 속해 있긴 했지만 진
정 거듭난 사람은 아니었습니다. 교회 다닌다고 해서 거듭
난 것은 아닙니다. 가룟 유다도 결국 세속적인 필요 때문
에 예수님을 추종했던 무리 중 한 사람에 불과했던 것입니
다. 이런 상황에 예수께서 느끼셨을 처절한 고독을 짐작할
수 있겠습니까? 그 고독이 예수님으로 하여금 매우 충격적
인 질문을 던지게 합니다.

"너희도 가려느냐?"

다행히 그때 시몬 베드로가 나섭니다.

"주여 영생의 말씀이 계시매 우리가 뉘게로 가오리이까"
(68절).

그의 고백은 다음과 같은 네 가지 특징을 담고 있습니다.

첫째로, **군중 심리에 의한 고백이 아니라 개인적인 고백이
었습니다.**

대부분의 사람들이 예수님을 서서히 버리기 시작하는 상황
이었습니다. 정치적 메시야, 육신의 필요를 채워 줄 메시
야에 대한 기대가 꺾이자 예수님의 인기도 한 순간에 떨어
졌습니다. 그럼에도 불구하고 베드로는 개인적인 결단으로
써 예수께로 나아왔습니다.

"주여 영생의 말씀이 계시매 우리가 뉘게로 가오리이까."
가지 않겠다는 의지적(意志的) 표현입니다. 남들이 다 하
니까 나도 한다는 식의 책임 없는 고백이 아니었습니다.
이렇듯 신앙고백은 확신에 근거한 개인적인 고백일 때 진
정한 의미를 지닐 수 있습니다. 주님을 향한 우리의 고백
이 이런 개인적인 고백이 될 수 있기를 바랍니다.

  둘째로, **예수 그리스도의 주(主) 되심을 인정하는 고백이었
습니다.**

우선 68절에서 베드로가 예수님을 어떻게 불렀는지 주목하
십시오.
"주여."
그분을 주님이라고 했습니다. 또 69절에서는 "우리가 주는
하나님의 거룩하신 자신 줄 믿고 알았삽나이다"라고 말함
으로써 예수 그리스도의 신성(神性)에 대한 믿음을 고백합
니다. 예수 그리스도는 하나님이십니다. 하나님이 보내신
분입니다. 단순한 사람이 아닙니다. 예수 그리스도의 신성
에 대한 고백, 예수 그리스도의 하나님 되심에 대한 고백,
예수 그리스도의 주 되심에 대한 고백, 이 고백이 없이는
아무도 그리스도인이 될 수 없습니다.

셋째로, 예수 그리스도의 구원자 되심을 인정하는 고백이었습니다.

그리스도는 하나님이실 뿐만 아니라 우리의 가장 근본적인 필요, 즉 영혼 구원의 문제를 해결하실 구세주이시기도 합니다. 베드로는 "주여 영생(永生)의 말씀이 계시매"라는 고백을 통해 예수 그리스도를 영생을 주시는 분으로 고백했습니다. 그리스도가 구주가 아니라면 그분은 우리에게 영원한 생명을 주실 수가 없습니다.

"당신은 주님이실 뿐만 아니라 구주가 되십니다."

이것이 기독교의 가장 핵심 되는 고백입니다. 예수 이름 앞에 아무리 여러 가지 화려한 수식어를 붙인다 해도 그분의 구주 되심에 대한 고백이 없다면 아무런 의미가 없습니다.

넷째로, 확신에 근거한 고백이었습니다.

다시 69절 말씀을 보십시오.

"우리가 주(主)는 하나님의 거룩하신 자신 줄 믿고 알았삽나이다."

여기에 "믿다", "알다"라는 두 동사가 등장합니다. 여기서 알았다는 것은 단순히 머리로 이해했다는 것 이상을 의미합니다. "믿는다"라는 말 다음에 "알다"는 단어가 강조될 때 이것은 단순히 두뇌로 안 것이 아니라 어떤 확신에 근거해 깨달았다는 의미가 됩니다. 예를 들어, "20년을 함께 살아 보니 내 아내가 나를 얼마나 지극히 사랑하는지 알겠습니다"라고 고백할 때의 "안다"라는 표현은 단순한 지식을 고백하는 말이 아니라 일종의 확신을 고백하는 말입니다. 비록 짧은 기간이었지만 베드로는 예수 그리스도에 대해 확신을 갖고 있었던 것입니다.

　예수 그리스도에 대한 인간적 기대, 세속적인 기대가 무너져 한 사람 두 사람 예수님 곁을 떠나가는 마당에 시몬 베드로가 드린 이 고백이 주님의 마음을 얼마나 기쁘게 했겠습니까? 물론 제자들 가운데 가룟 유다가 있었습니다. 가룟 유다를 바라보는 주님의 마음에는 슬픔이 있었을 것입니다. 그러나 베드로의 확신에 찬 고백은 분명 큰 위로가 되었을 것입니다.
"주여 영생의 말씀이 계시매 우리가 뉘게로 가오리이까 우리가 주는 하나님의 거룩하신 자신 줄 믿고 알았삽나이다."
그리스도의 구주 되심과 주 되심을 확실히 신뢰하고 그분께 믿음과 사랑의 고백을 드리는 성도가 되시기를 바랍니다.

5
가이사랴 빌립보에서
다시 신앙을 고백하다

마태복음 16장 13~20절

"예수께서 가이사랴 빌립보 지방에 이르러 제자들에게 물어 가
라사대 사람들이 인자를 누구라 하느냐 가로되 더러는 침례(세
례) 요한, 더러는 엘리야, 어떤 이는 예레미야나 선지자 중의
하나라 하나이다 가라사대 너희는 나를 누구라 하느냐 시몬 베
드로가 대답하여 가로되 주는 그리스도시요 살아 계신 하나님
의 아들이시니이다 예수께서 대답하여 가라사대 바요나 시몬아
네가 복이 있도다 이를 네게 알게 한 이는 혈육이 아니요 하늘
에 계신 내 아버지시니라 또 내가 네게 이르노니 너는 베드로
라 내가 이 반석 위에 내 교회를 세우리니 음부의 권세가 이기
지 못하리라 내가 천국 열쇠를 네게 주리니 네가 땅에서 무엇
이든지 매면 하늘에서도 매일 것이요 네가 땅에서 무엇이든지
풀면 하늘에서도 풀리리라 하시고 이에 제자들을 경계하사 자
기가 그리스도인 것을 아무에게도 이르지 말라 하시니라."

본 문의 공간적 배경은 가이사랴 빌립보라는 지방입니다. 이 무렵 예수께서는 다가오는 십자가 고난을 구체적으로 인식하기 시작하셨던 것 같습니다. 왜냐하면 본문 바로 다음 구절인 21절에 다음과 같은 말씀이 기록되어 있기 때문입니다.

"이때로부터 예수 그리스도께서 자기가 예루살렘에 올라가 장로들과 대제사장들과 서기관들에게 많은 고난을 받고 죽임을 당하고 제삼일에 살아나야 할 것을 제자들에게 비로소 가르치시니."

바야흐로 예수님의 지상 생애를 마무리할 마지막 순간이 다가온 것입니다.

이러한 시점에서 예수님은 3년 동안 함께했던 제자들, 말씀을 함께 나누었던 제자들, 함께 복음을 전하고 선교했던 사랑하는 제자들을 모아 놓고 매우 중요한 질문을 하십니다. 지난 3년간의 삶이 훈련의 기간이었다면 지금은 그동안의 훈련이 얼마나 제대로 이루어졌는가를 테스트하는 순간이라고 할 수 있습니다. 제자 학교의 졸업 시험이라고도 할 수 있습니다. 이 졸업 시험의 문제는 단 두 가지입니다. 첫째 문제는 "사람들이 나(예수)를 누구라고 하느냐" 하는 것이며 둘째 문제는 "너희들은 나를 누구라고 하느냐" 하는 것입니다.

예수를 누구라고 하는가

기독교 신앙은 예수 그리스도라는 한 인격 위에 세워집니다. 기독교에서 제일 중요한 것은 예수 그리스도입니다. 예수께서 주신 가르침보다도 훨씬 더 중요한 것이 예수님입니다. 물론 예수님과 그분의 교훈을 분리해서 생각한다는 자체가 어폐가 있긴 하지만 아무튼 기독교에서 제일 강조점을 두는 것은 바로 예수 그리스도 자신입니다. 불교도 그렇고 유교도 그렇고 중요한 것은 부처나 공자 자신이 아니라, 부처의 가르침이요 공자의 가르침입니다. 대부분의 타종교들은 교훈만으로도 얼마든지 성립될 수가 있습니다.

그러나 기독교는 다릅니다. **우리는 예수 그리스도의 교훈을 믿음으로써가 아니라 예수 그리스도 그분을 믿음으로써 구원을 얻습니다.** "하나님이 세상을 이처럼 사랑하사 독생자를 주셨으니 이는 「저를」 믿는 자마다"(요 3:16)라고 했지 "이는 저의 교훈을 믿는 자마다"라고 하지 않았습니다. 예수 그리스도를 믿는 자마다 영생을 얻습니다. 예수 그리스도가 영생과 멸망을 결정합니다. 그리스도가 중요합니다. 그러므로 예수 그리스도를 누구로 알고 있느냐, 그리고 이 예수 그리스도에 대한 확신이 있느냐 없느냐가 기독교에서는 가장 중요시되는 문제입니다.

"예수를 누구라고 하는가?"라는 질문은 예수님 당시와

마찬가지로 오늘 이 시대에도 결코 등한히 할 수 없는 중
요한 질문입니다. 한국 교회를 생각할 때마다 제 마음속에
큰 안타까움이 있는 것은 교회를 10년 30년 다닌 사람들
가운데도 예수 그리스도에 대한 분명한 신앙고백이 없는
경우가 많기 때문입니다. 하나님에 대한 막연한 신앙은 가
지고 있지만 예수 그리스도가 누구인가 하는 것에 대해선
확신이 없는 경우가 허다합니다. 기독교는 곧 예수 그리스
도입니다. 전도를 할 때도 보면 상대가 "저 하나님 믿어
요"라고 한마디만 하면 『그러세요?』하고 더 이상 묻지 않
고 돌아서지 않습니까? 하나님을 믿는 것만으로는 충분치
않습니다. 기독교의 독특성은 예수 그리스도에 대한 신앙
고백에 있습니다. 예수 그리스도가 빠져 있는 설교, 예수
그리스도가 빠져 있는 교회, 예수 그리스도가 빠져 있는
신앙고백은 의미가 없습니다.

　그리스도인이 되기 전에도 바울 사도는 하나님을 잘 섬
겼습니다. 아직 예수 만나기 전의 바울을 우리가 만나 "당
신, 하나님 믿습니까?"라고 물었다면 그는 『물론이지요』라
고 대답했을 것입니다. 그가 얼마나 열정적으로 하나님을
믿었습니까? 예수라는 사람을 감히 하나님이라고 믿는 사
람들이 있다는 소식을 듣고 당장 그들을 처단하기 위해 달
려갈 정도로 열심 있는 신앙인이 바울이었습니다. 하나님
은 믿었지만 육신을 입고 이 땅에 오시사 우리 죄와 허물
을 용서하시기 위해 십자가에서 죽으시고 사흘 만에 부활

하신 하나님, 즉 예수에 대해서는 까맣게 모르고 있었던 것입니다. 그 예수 그리스도가 누구인지 깨닫고 그 예수 그리스도를 신뢰하는 순간 사울은 바울이 되었고 비그리스도인에서 그리스도인이 되었으며 그리스도의 복음을 전하는 사도가 되었습니다.

한 남자의 두번째 고백

그렇기 때문에, 십자가의 때가 가까이 다가온 이 중요한 시점에 예수께서 제자들에게 던지시는 질문도 바로 이 질문입니다.
"사람들이 나를 누구라고 하느냐?"
이에 대해 여러 대답이 나왔습니다. 침례(세례) 요한이라고도 하고 엘리야나 예레미야라고도 합니다. 오늘날로 말하자면 위대한 성인(聖人), 인류의 존경받는 교사라는 식의 대답이 나온 것입니다. 이 대답을 들으시고 예수님은 좀 다르게 질문을 던져 보십니다.
"그렇다면, 그 동안 나와 함께 삶과 말씀을 나누며, 내가 하나님의 일을 행할 때 그 기적의 현장에 나와 더불어 있었던 너희들은 나를 누구라고 하느냐?"
이 장면에서 시몬 베드로가 주 앞에 나옵니다. 그리고는 다음과 같은 유명한 고백을 합니다.
"주는 그리스도시요 살아 계신 하나님의 아들이시니이다" (16절).

여기서 "그리스도"라는 단어 앞에 정관사가 붙어 있습니다. 다시 말해 우리가 지금까지 기다려 온 "그 그리스도"가 바로 예수님이라는 말입니다.

예수라는 이름 뒤에 흔히 따라오는 그리스도라는 징호는 말 그대로 칭호이지 이름이 아닙니다. 이동원 목사라고 할 때 이름이 이동원이고 목사가 칭호이듯 말입니다. 『그리스도』라는 단어의 뜻이 무엇입니까? "기름 부음을 받은 자"라는 뜻입니다. 그리스도와 메시야는 같은 말입니다. 1장에서도 언급했지만 구약 시대부터 이스라엘 백성들은 하나님께서 기름 부어 주실 한 분을 기다려 왔습니다. 구약 시대에 기름 부음을 받아야 할 자리에는 세 가지가 있었습니다. 왕과 선지자와 제사장입니다. 이들은 또한 이스라엘 백성들의 삶에 가장 중요한 영향을 끼치는 사람들이기도 했습니다. 왕은 다스리는 자요, 선지자는 하나님의 메시지를 전달하는 자요, 제사장은 백성의 죄 문제를 끌어안고 하나님 앞에 나아와 해결하는 자였습니다.

그들은 오랜 세월 동안 왕다운 왕, 제사장다운 제사장, 선지자다운 선지자를 기다려 왔습니다. 그러나 장구한 세월 동안에도 흡족한 왕이나 제사장이나 선지자는 나타나지 않았습니다. 많은 거짓 선지자들이 그들의 마음에 실망을 안겨 주었습니다. 어떤 왕도 그들에게 진정한 만족이 되지 못했습니다. 그래서 다시금 새로운 지도자를 세워 보지만 실망은 여전히 계속됩니다. 그럴 때에 하나님께서 그들에게 중요한 약속을 하십니다. 하나님이 직접 기름 부어서 세워 주실 자로서, 왕과 선지자와 제사장의 역할을 한꺼번에 완성할 수 있는 한 사람, 즉 메시야를 보내 주시겠다는 약속이었습니다. 달리 말하면, 나를 다스려 줄 수 있는 분, 나를 하나님의 온전한 진리로 인도할 수 있는 분, 내 죄 문제를 해결할 수 있는 분, 즉 구세주를 보내 주시겠다는 것이었습니다.

이런 맥락에서 시몬 베드로는 지금 "우리가 기다려 왔던 그 그리스도가 바로 당신이십니다"라는 위대한 고백을 하고 있는 것입니다. "예수가 그리스도이십니다"라는 짧은 고백에 기독교의 핵심적인 메시지가 들어 있습니다. 베드로의 이러한 놀라운 고백을 듣고 주님께서 뭐라 말씀하십니까?

"바요나 시몬아 네가 복이 있도다 이를 네게 알게 한 이는 혈육이 아니요 하늘에 계신 내 아버지시니라"(17절).

그렇습니다. 지금도 우리가 예수를 구세주로 믿고 새로운 삶을 살아갈 수 있는 것은 우리의 지혜 때문이 아니라 하나님 아버지의 역사(役事) 때문입니다. **이 세상에서 가장 위대한 발견은 예수가 그리스도이심을 아는 것이며, 이것은 하나님의 역사를 통해 이루어집니다.**

쓰임 받는 자들과 신앙고백

그리고나서 예수께서 시몬을 향해 "너는 베드로(반석)라"고 말씀하십니다. 예수님과 시몬의 첫 만남 때 예수께서 어떤 약속을 하셨습니까? 시몬을 일컬어 장차 게바(반석)라 할 것이라고 하셨습니다. 사실, 흔들림 없고 안정감 있는 반석의 이미지는 변화 무쌍하고 격동적이며 성급한 기질을 가졌던 시몬에게는 전혀 어울리지 않는 호칭이었습니다. 그러나 주님께서는 시몬 안에서 이 반석의 가능성을 보셨고 첫 만남의 자리에서 이 비전을 제시하셨습니다. 그런데 지금 드디어 예수님의 입에서 이 약속이 성취되고 있는 것입니다. 이제는 훈련의 때를 지나 하나님의 포도원에서 구체적으로 쓰임 받을 놀라운 순간이 시몬 앞에 다가왔음을 예수께서 보신 것입니다.

베드로가 하나님 앞에서 어떻게 쓰임 받습니까? 그는 다음 두 가지 면에서 귀하게 쓰임 받습니다.

첫째로, 교회의 기초로서 귀하게 쓰임 받습니다.

"또 내가 네게 이르노니 너는 베드로라 내가 이 「반석」 위에 내 교회를 세우리니 음부(陰府)의 권세가 이기지 못하리라"(18절).

여기에 언급된 "반석"이 의미하는 바가 무엇인가 하는 것에 대해서는 신학자들마다 의견이 분분합니다. 가톨릭과

개신교의 견해가 다르고 또 개신교 내에서도 견해가 몇 가지로 나뉘어져 있습니다. 그러나 그 중에서도 가장 보편적으로 받아들여지고 있는 견해는 이 반석이 가리키는 것이 베드로 자신이라기보다도 베드로가 드렸던 신앙고백, 즉 "주는 그리스도시요 살아 계신 하나님의 아들이십니다"라는 고백이라는 것입니다. 이 신앙고백의 핵심은 예수 그리스도입니다. 다시 말해, 예수 그리스도라는 터전 위에 주께서 교회를 세우시겠다는 것입니다. 그러나, 이 신앙고백 위에 교회가 세워졌다고 해서 이 고백을 드렸던 베드로가 교회를 세우는 일에 존귀하고 아름답게 쓰임 받은 사실 자체를 부인해서는 안 될 것입니다. 베드로는 초대교회를 세우는 데 아주 중요한 역할을 담당한 사람입니다.

또한 "이 반석 위에 내 교회를 세우리라"는 예수님의 약속은 비단 베드로에게만 주어진 것은 아닙니다. 주님께서는 베드로와 동일한 신앙고백을 했던 여러 사도들 또한 동일하게 쓰셨습니다. 그러므로 초대교회가 이 한 사람 베드로 위에만 세워진 것처럼 해석하는 것은 무리가 있습니다.

에베소서 2장 19,20절은 이렇게 말씀합니다.
"그러므로 이제부터 너희가 외인(外人)도 아니요 손도 아니요 오직 성도들과 동일한 시민이요 하나님의 권속이라 너희는 사도들과 선지자들의 터 위에 세우심을 입은 자라 그리스도 예수께서 친히 모퉁이돌이 되셨느니라."

건물을 세우는 데 제일 중요한 역할을 담당하는 것이 모퉁이돌입니다. 모퉁이돌을 중심으로 돌들이 쌓일 때 건물이 세워집니다. 이와 같이 그리스도의 몸 된 교회는 예수 그리스도라는 모퉁이돌 위에 세워집니다. 그분이 우리 주님이십니다. 구세주이십니다. 예수 그리스도가 가장 중요합니다. 그러나 이 터를 세우는 데 모퉁이돌과 함께 귀하게 쓰임 받았던 사람들이 누구라고 했습니까? 사도들과 선지자들입니다. 그 중에 누가 포함되어 있습니까? 베드로입니다.

저는 지금도 예수 그리스도의 교회를 세우고 복음을 전하는 데 베드로가 드렸던 것과 동일한 신앙고백을 가지고 헌신하는 사람들을 하나님께서 쓰신다고 믿습니다. **그렇기 때문에 쓰임을 받으려면 제일 중요한 것이 "예수는 그리스도시요 살아 계신 하나님의 아들입니다"라는 확실한 신앙고백입니다.** 교회에서 여러 모양으로 봉사를 많이 하는 것도 중요하지만 그것보다 더 중요한 것은 분명한 신앙고백입니다. 예수가 그리스도시라는 확신이 없는 사람을 하나님께서 어떻게 쓰실 수 있겠습니까? 교회도 마찬가지입니다. 교회가 하나님께 쓰임 받으려면 이 확실한 신앙고백이 있어야 할 줄로 믿습니다.

둘째로, 천국 열쇠를 움직이는 자로 쓰임 받습니다.

"내가 천국 열쇠를 네게 주리니 네가 땅에서 무엇이든지
매면 하늘에서도 매일 것이요 네가 땅에서 무엇이든지 풀
면 하늘에서도 풀리리라 하시고"(19절).
가톨릭에서 베드로를 초대 교황으로 추대하는 근거가 되는
말씀이 바로 이 19절 말씀입니다.

  그러나 저는 교회의 기초를 놓는 일에 베드로가 유일한
인물이 아니었던 것처럼 천국의 열쇠 역시 이 베드로 한
사람에게만 주어진 것이라고는 생각지 않습니다. 예수께서
는 시간적으로 본문과 멀지 않은 마태복음 18장에서 같은
말씀을 되풀이하십니다.
"진실로 「너희」에게 이르노니 무엇이든지 너희가 땅에서
매면 하늘에서도 매일 것이요 무엇이든지 땅에서 풀면 하
늘에서도 풀리리라"(18절).
여기서는 "너희"라는 복수 대명사가 쓰인 것으로 보아 한
사람에게 하신 말씀이 아닌 것을 알 수 있습니다. 이어서
예수께서는 이렇게 말씀하십니다.
"진실로 다시 너희에게 이르노니 너희 중에 두 사람이 땅
에서 합심하여 무엇이든지 구하면 하늘에 계신 내 아버지
께서 저희를 위하여 이루게 하시리라"(19절).
땅에서 기도하면 하나님께서 그 기도를 들으십니다. 그래
서 우리를 통해 하늘의 뜻이 이루어집니다. 기도할 때 우

리는 천국 열쇠를 움직이는 특권을 누릴 수 있습니다. 또한 전도를 통해 사람들에게 용서의 예수님을 만나게 함으로써도 천국 열쇠를 행사할 수 있습니다.

서는 이것이 보편적인 특권이리고 생각합니다. 신앙고백이 확실한 사람들이 예수 그리스도의 몸 된 교회를 세우는 일에 함께 쓰임 받았던 것처럼, 주께서는 또한 그들에게 천국 열쇠를 행사할 수 있는 특권도 주십니다. 그리하여 그들로 하여금 기도하는 삶, 전도하는 삶을 살게 하시며 그들을 통해 하늘의 위대한 뜻이 이루어지는 것을 목도하게 하십니다. 우리에게도 천국 열쇠가 있습니다. 그리스도인에게 주어진 이 천국 열쇠를 인하여 기뻐하시기 바랍니다. 이것은 만인이 제사장이 되는 위대한 특권입니다. 베드로가 가졌던 분명한 신앙을 소유하시기 바랍니다. 그리하여 쓰임 받는 인생을 살아가시기 바랍니다.

지금도 주님께서는 온 세상을 변화시키기 위해서 예수 그리스도의 몸 된 교회를 세상 도처에 세워 가고 계십니다. 이렇듯 교회를 이루어 가는 데 정말 필요한 사람은 분명하고 확실한 신앙을 가진 사람들입니다. 이런 신앙고백을 가진 사람들을 통해서 오늘도 주님은 그분의 몸 된 교회를 세워 가고 계십니다. 또 그들을 통해서 하나님의 뜻을 이루고, 하나님 나라를 확장해 가며, 음부의 권세를 결박하는 일을 행하십니다. 성도의 손에 천국 열쇠가 쥐어져 있습니다. 기도와 전도에 힘쓸 때 그 열쇠가 사용될 것입니다. 기도하십시오. 그리고 복음을 전하십시오. 그리할 때 우리를 통해서 주의 놀라우신 뜻들이 세계 속에서 이루어질 것입니다.

6
변형되신 예수님을 목도하다

마태복음 17장 1~8절

"엿새 후에 예수께서 베드로와 야고보와 그 형제 요한을 데리
시고 따로 높은 산에 올라가셨더니 저의 앞에서 변형되사 그
얼굴이 해같이 빛나며 옷이 빛과 같이 희어졌더라 때에 모세와
엘리야가 예수로 더불어 말씀하는 것이 저희에게 보이거늘 베
드로가 예수께 여짜와 가로되 주여 우리가 여기 있는 것이 좋
사오니 주께서 만일 원하시면 내가 여기서 초막 셋을 짓되 하
나는 주를 위하여, 하나는 모세를 위하여, 하나는 엘리야를 위
하여 하리이다 말할 때에 홀연히 빛난 구름이 저희를 덮으며
구름 속에서 소리가 나서 가로되 이는 내 사랑하는 아들이요
내 기뻐하는 자니 너희는 저의 말을 들으라 하는지라 제자들이
듣고 엎드리어 심히 두려워하니 예수께서 나아와 저희에게 손
을 대시며 가라사대 일어나라 두려워 말라 하신대 제자들이 눈
을 들고 보매 오직 예수 외에는 아무도 보이지 아니하더라."

앞 장에서 살펴보았던 베드로의 고백이 있은 직후 예수께서는 십자가 고난이 이제 가까이 다가왔음을 예고하십니다. 베드로의 신앙고백이 있은 엿새 후가 바로 본문의 시간적 배경입니다. 예수께서 베드로와 야고보와 그 형제 요한을 데리시고 산에 오르셨습니다. 열두 제자 가운데서도 가장 가까운 제자들을 대동하고 등반을 하신 것입니다. 이 산이 아마도 헬몬산일 것입니다. 성지순례를 가면 변화산이라고 하면서 보통 다볼산으로 인도하는데 그러나 다볼산보다는 헬몬산이었을 가능성이 훨씬 많습니다. 가이사랴 빌립보(베드로가 신앙을 고백한 곳)라는 지방 뒤에 헬몬산이 가까이 위치하고 있기 때문입니다.

그런데 이 산에서 아주 이상한 일이 벌어집니다. 2절을 보겠습니다.
"저희 앞에서 변형되사 그 얼굴이 해같이 빛나며 옷이 빛과 같이 희어졌더라."
육신을 입고 오신 예수께서는 이 땅에서 신성(神性)을 어느 정도 제한하신 채로 사셨습니다. 그렇기 때문에 예수님의 제자들은 예수님과 함께 지내면서도 그분을 자기들과 다르지 않은 인간으로 느낄 때가 많았을 것입니다.
그러나 이 변화산에서의 예수님은 오히려 자신 안에 있는 신적(神的)인 영광을 제자들에게 유감 없이 드러내 보이셨습니다. 그 순간 제자들은 하나님이신 예수님 앞에 서는 놀라운 경험을 하게 됩니다. 하늘의 놀라운 광채가 그

분의 얼굴을 사로잡고 또 그분의 옷이 하늘의 놀라운 영광
의 빛으로 변했을 때 제자들은 황홀감에 취하여 그 영광
속에 몰입되었을 것입니다.

이 상황에서도 제일 먼저 나서는 것은 역시 베드로였습
니다. 베드로는 이 황홀경 속에서도 침묵할 줄 모릅니다.
그리고 예수께 이렇게 말합니다.

"주여 우리가 여기 있는 것이 좋사오니 주께서 만일 원하
시면 내가 여기서 초막 셋을 짓되 하나는 주를 위하여, 하
나는 모세를 위하여, 하나는 엘리야를 위하여 하리이다"(4
절).

지금 이대로가 너무 좋으니 이 산에 머물자는 것입니다.

그렇다면 예수께서 왜 변화된 자신의 모습을 베드로와
두 제자에게 보여 주셨을까요? 왜 이 시점에서 육신의 베
일을 걷으시고 자신의 신적인 영광을 유감 없이 보여 주셨
을까요? 그 이유는 다음 세 가지입니다.

첫째로, 제자들을 격려하시기 위해서입니다.

물론 예수님의 변화된 모습을 보는 것이 모든 사람이 누릴
수 있는 보편적인 경험은 아니었습니다. 가까운 제자들 셋
만이 이 영광스러운 체험에 동참할 수 있었습니다. 특히나
예수께서는 이 사건 이후 제자들에게 "인자가 죽은 자 가
운데서 살아나기 전에는 본 것을 아무에게도 이르지 말라"
(9절)고 철저히 당부하십니다. 베드로를 포함해서 제자들

은 죽을 때까지 이 사건을 잊지 못합니다. 어떻게 잊을 수가 있겠습니까? 베드로는 나중에 베드로서를 기록하면서 이 사건이 자기 생애의 가장 영광스러운 체험이었음을 시사합니다(벧후 1장 참조).

그렇다면 왜 이런 모습을 제자들에게 보여 주셨습니까? 그것은 아마도 제자들에게 일종의 격려가 필요했기 때문이었을 것입니다. 이런 영광스런 체험을 하게 되면 으레 더 굳건한 믿음을 갖게 됩니다. 하나님께서는 때로는 믿음을 더하시기 위해, 때로는 신앙의 위기를 극복해 갈 수 있도록 하시기 위해 생애 중요한 시점에서 이런 놀라운 체험을 하게 하시기도 합니다. 모세도 이스라엘 백성을 여호와께서 지시하신 땅으로 인도하는 큰일을 앞두고 여호와 하나님께 "주의 영광을 내게 보이소서"라는 기도를 드립니다. 하나님의 동행하심에 대한 확신이 없이는 이 큰일을 치를 수 없다는 마음에서였을 것입니다. 하나님께서는 모세의 기도에 응답하사 그분의 등을 모세에게 보여 주십니다(출 33:12~23 참조).

물론 모세는 하나님의 얼굴까지는 볼 수 없었습니다. 하나님의 얼굴을 보고 목숨을 건질 자가 없기 때문입니다. 이런 측면에서, 변화산에서 과연 주님이 자신의 영광을 삭제 없이 모두 보여 주셨는가 하는 것에 대해서도 의견이 분분합니다. 우리가 만약 하나님의 영광을 있는 모습 그대로 본다면 그 앞에 도무지 설 수 없을 것입니다. 이는 마

치 캄캄한 어둠 속에 있다가 갑작스레 한낮의 태양에 직면
하면 눈이 부셔 도저히 하늘을 똑바로 쳐다볼 수 없는 것
과 같습니다. 죄인인 인간은 거룩하신 하나님의 영광 앞에
설 수 없습니다. 아무튼 하나님이 지니신 영광의 작은 한
조각을 눈으로 직접 목도한 체험이 모세에게는 아주 큰 힘
이 되었습니다. 하나님을 대면한 뒤 모세는 영적 자신감을
얻게 되고 그것을 토대로, 여호와께서 지시하신 땅으로의
대장정을 다시금 힘차게 진두 지휘합니다. 신앙 체험들은
이런 면에서 도움이 됩니다.

둘째로, 그리스도의 고난을 준비케 하시기 위해서입니다.

얼마 후 맞게 될 예수님의 십자가 고난은 사실, 제자들에
게는 감당하기 어려운 시련이 될 것이 분명했습니다. 그래
서 예수님은 그리스도와 함께 고난에 동참하게 될 제자들
을 위해 무언가 도움을 주시고자 했을 것입니다. 그것이
변화산 사건의 또 하나의 이유입니다. 왜냐하면 주(主)의
영광을 체험하고 나면 고난은 아무것도 아닌 것이 되기 때
문입니다. 무한한 영광을 경험한 사람이라면 고난 또한 극
복할 수 있습니다. **살아 계신 하나님을 체험하고 나면 이 지
상에서 경험하는 고통이 아무리 심각하다 하더라도 견딜 수
있는 힘이 주어집니다. 그것이 체험적 신앙의 유익입니다.**

스데반이 순교하기 전에도 하나님께서는 먼저 스데반에

게 하나님의 영광과 예수께서 하나님 우편에 서 계신 것을 보여 주셨습니다. 사실 스데반이 처한 상황은 말할 수 없이 살벌했습니다. 스데반의 설교를 들으면서 사람들은 분노에 치를 떨었습니다. 앞으로의 상황이 어떻게 전개될지 모르는 이 위험한 순간에 하나님께서는 스데반의 눈을 열어 하나님의 영광과 예수 그리스도를 볼 수 있게 하셨습니다. 그때 스데반은 담대해질 수 있었습니다. 그래서 돌에 맞아 죽어 가면서도 "주여 이 죄를 저들에게 돌리지 마옵소서"라고 간구할 수 있었던 것입니다. 마지막 순간에도 사람들을 용서하면서 순교할 수 있는 힘, 고통을 이길 수 있는 능력, 이 힘이 바로 하나님께로부터 주어졌던 것입니다.

본문에서 제자들은 예수님 앞길에 무거운 십자가의 고통이 기다리고 있다는 사실을 전혀 이해하지 못하고 있었을지 모릅니다. 십자가 고난에 대해 예수께서 어느 정도 알아듣게 말씀을 하셨는데도 불구하고 말입니다. 마태복음 16장 21절은 이렇게 전합니다.
"이때로부터 예수 그리스도께서 자기가 예루살렘에 올라가 장로들과 대제사장들과 서기관들에게 많은 고난을 받고 죽임을 당하고 제삼일에 살아나야 할 것을 제자들에게 비로소 가르치시니."
그러나 이 말씀이 있은 뒤에 베드로가 나서서 "이런 일이 결코 주께 일어나지 않을 것입니다"라고 만류한 것을 보면 이때까지 제자들은 예수께서 무슨 말씀을 하시는지 모르고 있었던 게 분명합니다. 그리하여 예수께서는 다가오는 수난, 다가오는 십자가의 고통을 준비시키기 위해서 자신의 영광스런 모습을 제자들에게 보여 주셨습니다.

본문에 보면 모세와 엘리야가 예수님과 더불어 나타났다고 기록되어 있습니다. 왜 하필이면 예수께서 모세와 엘리야를 대동하고 나타나셨을까요? 구약 시대를 대표하는 두 인물이 모세와 엘리야이기 때문입니다. 모세가 율법을 대표한다면 엘리야는 모든 선지자를 대표한다고 할 수 있습니다. 율법이 궁극적으로 증거하는 분이 누구입니까? 예수 그리스도입니다. 선지자도 누구를 증거합니까? 예수 그리스도입니다. 이런 맥락에서 볼 때 모세와 엘리야의 등장은 타당해 보입니다. 이들이 예수님과 함께 말씀을 나누었다고 합니다. 대화의 내용까지는 구체적으로 기록되어 있지 않지만 아마도 예수님이 담당하게 될 십자가 고난에 대해 이야기를 나누지 않았을까 생각됩니다.

마태복음 16장에 보면 앞날에 대한 예수님의 예언은 단순히 십자가의 죽음과 사흘 만의 부활을 제자들에게 알리는 데서 끝나지 않습니다. 그분은 자신이 당하실 고난과 더불어 제자들이 취해야 할 자세에 대해서도 말씀하십니다.
"이에 예수께서 제자들에게 이르시되 아무든지 나를 따라

오려거든 자기를 부인하고 자기 십자가를 지고 나를 좇을
것이니라 누구든지 제 목숨을 구원코자 하면 잃을 것이요
누구든지 나를 위하여 제 목숨을 잃으면 찾으리라"(24, 25
절).
고난의 때에 대비해 제자들을 준비시키고 세신 것입니다.

　예수님의 말씀은 여기서 끝나지 않습니다. 예수님은 자
신이 아버지의 영광으로 천사들과 함께 다시 올 것과, 인
자(人子)가 왕권을 가지고 오는 것을 볼 자가 제자들 중에
있을 것이라고 말씀하셨습니다(마 16:24～28 참조). 아마
도 예수님이 왕권을 가지고 오는 것을 볼 자가 있다는 말
씀이 바로 변화산에서 성취된 것이 아닌가 생각됩니다. 변
화산에서 보인 예수님의 변모도 왕으로서의 영광을 드러내
는 데 손색이 없어 보이기 때문입니다. 그렇다면 예수께서
는 왜 다가올 고난을 예고하면서 이 영광에 대해 언급하셨
을까요? 그리스도의 영광을 보고 알며 체험하고 확신하는
사람들이라야 그리스도께서 걸어가신 수난의 가시밭길을
따라갈 수 있기 때문입니다. 하늘의 영광을 맛본 자가 세
상의 고난을 이길 것입니다. 그러므로 이 변화산에서의 변
모 사건은 그리스도의 고난에 대비하게 하는 사건이었다고
말할 수 있습니다.

셋째로, 제자들에게 그리스도의 말씀에 순종하는 삶을 살게 하시기 위해서입니다.

변모되신 예수님이 모세, 엘리야와 함께 말씀을 나누는 현장을 보면서 베드로는 어쩌면 이 세 사람의 영광이 동등하다고 생각했을지도 모릅니다. 그래서 자기가 이 세 분을 위해 초막 셋을 짓겠다고 나섭니다. 그러나 이 부분에 대해 일부 신학자는 다음과 같이 명료히 짚고 넘어갑니다.

"이때 변화된 것은 오직 예수님 한 분뿐이었다. 그러나 제자들 눈에 모세와 엘리야까지도 영광스럽게 보인 것은 변화된 그리스도의 영광의 그림자가 그들에게까지 투사되었기 때문이다."

그렇습니다. 이 영광스러운 사건의 주인공은 여전히 예수님 한 분이시라는 사실을 잊지 말아야 합니다. 그것을 어떻게 알 수 있습니까? 구름 속에서 홀연히 들려 온 소리가 그것을 증명합니다.

"이는 내 사랑하는 아들이요 내 기뻐하는 자니 너희는 저의 말을 들으라"(5절).

누구 말을 들어야 한다는 것입니까? 예수님 말씀을 들어야 합니다. 모세와 엘리야는 예수님을 증거했던 사람들에 불과합니다. 우리가 들어야 할 것은 오직 그리스도의 말씀입니다. 하늘로부터 소리가 있은 후에 제자들이 눈을 들고 봤을 때 그들의 눈에는 예수님 한 분밖에 보이지 않았습니다.

이렇듯 신앙의 초점은 예수께 있습니다. 믿음의 주(主)
요 온전케 하시는 이인 예수, 알파요 오메가이신 예수, 그
분이 유일하게 우리 신앙의 대상이 되십니다. 만일 신앙의
초점이 여기서 벗어나 있다면 그분께 초점을 맞춰야 합니
다. 그분 앞에 와야 합니다. 그리고 그분의 말씀을 청종해
야 합니다. 어떤 위대한 체험이 있으시거든 감사하십시오.
그리고 그 체험을 통해서 그리스도의 말씀을 듣고 그리스
도께 순종하는 자로 살아가십시오. 특별한 체험은 항상 있
는 것이 아닙니다. 그리고 늘 체험을 구할 필요도 없습니
다. 예수님 가까이에 있었던 제자들에게도 이런 체험이 항
상 있었던 것은 아닙니다. 물론 하나님은 체험을 주십니
다. 위급할 때나, 어려울 때, 절망의 벼랑 앞에 섰을 때
주께서는 이런 놀라운 경험을 통해서 우리를 도우실 수 있
습니다. **그러나 중요한 것은 특별한 체험을 한 뒤에 다시 주
앞에 와서 말씀을 붙들고 그 말씀에 순종해 살 줄 알아야 한
다는 것입니다.**

베드로도 나중에 그가 쓴 서신에서 이 변화산 체험을 언
급하면서 이 체험보다 "더 확실한 예언"이 있는데 그것이
바로 성경 말씀이라는 얘기를 합니다. 그렇습니다. 단순히
뜨거운 체험만을 좇아 다니는 신앙은 별 의미가 없습니다.
왜 체험을 주셨는가를 이해해야 합니다. 하나님께서 자녀
에게 체험을 주시는 것은 주의 말씀에 순종하며 살아가도
록 하시기 위해서입니다. 오늘날도 주님은 기사와 이적을

행하실 수 있습니다. 그럼에도 불구하고 그것 자체에만 몰
두하는 것은 좋은 신앙이 아닙니다.

　혹시 지금 삶의 현장에 폭풍우가 몰아치고 있습니까? 삶
에 시련이 있습니까? 삶에 역경이 있습니까? 내 힘으로는
감당할 수 없는 사건들이 나를 괴롭히고 있습니까? 그렇다
면 먼저 하실 일은 주 앞에 엎드리는 것입니다. 그리고 이
렇게 기도해 보십시오.
"주여, 주의 영광을 보여 주시옵소서. 내 힘으로 내 능력
으로 이길 수가 없사오니 주의 영광을 내게 보여 주옵소
서."
하나님께서 당신을 긍휼히 여기신다면 그분께서 놀라운 영
광의 체험을 주실 것입니다. 그러나 이 체험이 임하거든
이제 벌떡 일어나 주의 말씀을 붙들고 말씀 앞에 다시 순
종하는 자로 사십시오. 순종할 때 하나님의 뜻이 당신을
통해서 이루어질 것이기 때문입니다. 순종할 때 우리의 상
황은 달라질 것입니다. 그리고 그 삶은 주의 손에 놀랍게
붙들림 받아 쓰임 받는 인생이 될 것입니다.

7

작은 기적을 체험하다

마태복음 17장 24~27절

"가버나움에 이르니 반 세겔 받는 자들이 베드로에게 나아와 가로되 너의 선생이 반 세겔을 내지 아니하느냐 가로되 내신다 하고 집에 들어가니 예수께서 먼저 가라사대 시몬아 네 생각은 어떠하뇨 세상 임금들이 뉘게 관세와 정세(丁稅)를 받느냐 자기 아들에게냐 타인에게냐 베드로가 가로되 타인에게니이다 예수께서 가라사대 그러하면 아들들은 세를 면하리라 그러나 우리가 저희로 오해케 하지 않기 위하여 네가 바다에 가서 낚시를 던져 먼저 오르는 고기를 가져 입을 열면 돈 한 세겔을 얻을 것이니 가져다가 나와 너를 위하여 주라 하시니라."

변화산에서 내려오신 이후에 예수께서는 다시 가버나움으로 돌아오셨습니다. 앞에서도 말한 바 있지만 가버나움은 예수님의 공생애 사역의 중심지 역할을 했던 마을입니다. 가버나움에 오자마자 예수님과 그분의 제자들은 예수님을 시험하는 한 무리의 사람들을 만나게 됩니다. "반 세겔 받는 자들"이란 세금 징수원을 말합니다. 그들이 베드로에게 다가오더니 던진 질문은 다음과 같습니다.

"너의 선생이 반 세겔을 내지 아니하느냐"(24절).

당시 팔레스틴 지역에 살고 있던 사람들은 두 가지 세금을 의무적으로 납부해야 했습니다. 그 중 하나는 일종의 국세로서 팔레스틴을 포함한 주변 전지역을 식민지화하여 다스리고 있던 로마 정부에 내는 세금이었고, 또 하나는 팔레스틴 지역의 유대인들에게만 징수하던 것으로서 일종의 종교세나 성전세의 성격을 띤 것이었습니다.

이 두번째 세금은 성전을 유지하기 위한 것으로서 그 유래는 출애굽기로 거슬러 올라갑니다. 성전의 전신(前身)인 회막 때부터 이런 징수 제도는 존재했습니다. 출애굽기 30장 11~13절은 이렇게 말씀합니다.

"여호와께서 모세에게 일러 가라사대 네가 이스라엘 자손의 수효를 따라 조사할 때에 조사받은 각 사람은 그 생명의 속전을 여호와께 드릴지니 이는 계수할 때에 그들 중에

온역이 없게 하려 함이라 무릇 계수 중에 드는 자마다 성
소에 세겔대로 반 세겔을 낼지니 한 세겔은 이십 게라라
그 반 세겔을 여호와께 드릴지며."
반 세겔이면 보통 그 당시 노동자가 받는 이틀 정도의 품
삯이었다고 합니다. 하루 품삯이 한 데나리온이었는데 두
데나리온에 해당되는 돈을 세금으로 드려야만 했던 것입니
다.

이 세를 내야 하는 대상에 대해서는 그 다음 절에 나와
있습니다.
"무릇 계수 중에 드는 자 곧 이십 세 이상 된 자가 여호와
께 드리되 너희의 생명을 속하기 위하여 여호와께 드릴 때
에 부자라고 반 세겔에서 더 내지 말고 가난한 자라고 덜
내지 말지며"(14, 15절).
그리고 16절에서는 세금의 용도가 설명되고 있습니다.
"너는 이스라엘 자손에게서 속전을 취하여 회막의 봉사에
쓰라 이것이 여호와 앞에서 이스라엘 자손의 기념이 되어
서 너희의 생명을 속하리라."
이 세금은 그들의 생명을 구속해 주신 데 대한 감사의 표
시였고 징수된 세금은 회막(성전)을 유지·관리하는 데 쓰
였습니다.

예수님과 납세 의무

마태복음 본문에서 지금 세금 징수원들이 문제 삼고 있는 세금이 바로 이 성전세입니다.

"너의 선생이 반 세겔을 내시 아니하느냐."

이에 대해 베드로가 어떻게 대답합니까? 25절에 보면 "내신다"고 했습니다. 그런데 베드로가 이 대답을 할 때 점잖게 했을 것 같습니까? 아니면 성질을 버럭 내면서 쏘아붙이듯 답했을 것 같습니까? 베드로의 전형적인 다혈질 기질로 미루어 볼 때 십중팔구는 흥분해서 말했을 가능성이 큽니다.

이 징세원들이 이러한 문제로 예수께 접근해 온 것은, 만약 예수님이 이스라엘 백성으로서 세금을 내지 않는다고 하면 "하나님 앞에서 그릇 행하고 있는 좋지 못한 시민"이라는 딱지를 그분께 붙여서 예수님과 그 일행을 곤경에 몰아넣으려는 의도에서였을 것입니다. 이런 상황에서 베드로가 "내신다"라고 대답한 것은 한편으로는 잘한 대답이지만 또 한편으로는 썩 좋지 않은 대답이기도 합니다.

잘한 대답인 이유는 이렇게 대답한 베드로의 마음속 동기가 선했기 때문입니다. 베드로는 자기가 모시는 스승이 사람들에게 오해받지 않기를 바랐습니다. 주님에 대해 잘못된 이미지가 퍼지지 않게 주님을 보호하고 싶었습니다. 그래서 예수님이 세금을 내신다고 대답한 것입니다.

그러나 꼭 잘했다고만 할 수 없는 까닭도 있습니다. 그 당시 이스라엘 사람들은 모두 성전세를 냈지만 유대인들 가운데도 일단의 사람들은 예외였습니다. 바로 랍비 계층이 면세 수혜자들이었습니다. 오늘날로 말하자면 성직자들은 세금 면제를 받을 수 있었던 것입니다. 그러니 당연히 예수님도 면제될 수 있었습니다. 이런 점들을 차분히 짚어가면서 조리 있게 입장을 설명했어야 하는데 그렇게 하지 못하고 대뜸 "내신다"고만 했으니 꼭 잘한 대답이라고 할 수 없는 것입니다.

예수님은 어떤 분이신가?

그런데 이 간단한 사건이 예수님으로 하여금 작은 기적을 행하시게 하는 계기를 만들어 주었습니다. 베드로가 세금 징수원들과의 짧은 대화를 마치고 집으로 돌아오자 예수께서 베드로에게 이렇게 말씀하십니다.

"우리가 저희(세금 징수원)로 오해케 하지 않기 위하여 네가 바다에 가서 낚시를 던져 먼저 오르는 고기를 가져 입을 열면 돈 한 세겔을 얻을 것이니 가져다가 나와 너를 위하여 주라 하시니라"(27절).

이 결과에 대해서는 성경이 말씀하는 바가 없지만 분명히 예수님 말씀대로 되었을 것입니다. 이 간단한 기적을 통해서 베드로는 예수님이 어떤 분이신가에 대한 세 가지 매우 중요한 교훈을 얻을 수 있었을 것입니다.

첫째 / 신성(神性)을 지니신 분

이 작은 기적을 통해 드러나는 예수님의 신성에는 세 가지 측면이 있습니다.

① 전지성(全知性)

베드로와 징세원이 대화 나누는 장면을 헬라어 성경으로 보면 (우리 말 성경에는 뚜렷이 나타나 있지 않지만) 예수님이 그 곁에 계시지 않고 집에 계셨던 것 같은 뉘앙스를 읽을 수 있습니다. 그런데 베드로가 집에 들어서자 예수께서 뭐라고 하셨습니까? 베드로는 아무 말도 하지 않았는데 예수께서 "(먼저 가라사대) 시몬아 네 생각은 어떠하뇨?"라고 물으십니다. 그러니까 밖에서 있었던 대화 내용을 모두 다 알고 계신 것입니다. 뿐만 아니라 예수께서는 베드로가 낚시를 해서 고기를 잡았을 때 그 고기의 입 속에 한 세겔이 있을 것도 알고 계셨습니다.
　이렇듯 주님은 모든 것을 아십니다. 오늘 우리의 고민과 고통도 아십니다. 친구 사이에 무슨 대화가 오가는지, 부부 사이에 무슨 얘기가 나누어지는지, 또 아무도 보는 사람 없을 때 우리가 무슨 일을 하는지도 아십니다.

② 전능성

바다 속 물고기로 하여금 한 세겔을 물게 하시고 그 물고
기를 낚게 하시는 것을 통해 우리는 예수님의 전능하심을
볼 수 있습니다.

③ 하나님의 아들 되심

집으로 들어온 베드로에게 예수께서는 "세상 임금들이 뉘
게 관세와 정세를 받느냐 자기 아들에게냐 타인에게냐?"라
고 물으십니다. 전통적으로 왕의 아들은 세금을 내지 않았
습니다. 타인들에게만 세금을 받는다는 베드로의 대답에
예수께서는 "그러하면 아들들은 세를 면하리라"고 말씀하
십니다. 이것은 의미 심장한 얘기입니다. 예수님이 세금을
내야 할 의무에 속박되어 있는 분이 아니라는 것, 즉 만왕
의 왕이신 하나님의 아들이시기에 그리고 성전의 주인 되
신 하나님의 아들이시기에 성전세를 납부할 의무가 없다는
것을 간접적으로 시사하는 말씀이기 때문입니다.

여기에 그리스도의 신성이 있습니다. 그분은 단순히 인
간이 아니십니다. 그분은 하나님이십니다. 이 사실을 믿으
십니까? 이것은 굉장한 사건입니다. 그분은 하나님이십니
다. 하늘과 땅을 창조하시고 다스리시는 하나님, 우리는
예수님이 우리의 하나님이신 것을 믿습니다.

둘째 / 도덕성을 지니신 분

세금 징수원을 포함하여 일반 사람들은 예수님이 하나님이신 것을 몰랐습니다. 이 무렵 베드로와 예수님의 제자들은 예수 그리스노의 신성에 내해 어느 징도 획신을 가지고 있었을 것입니다. 예수님은 참된 하나님으로 오셨을 뿐만 아니라 동시에 참된 인간으로도 오셨습니다. 그래서 그분은 하나님의 계율을 준수하는 것을 포함하여 사람으로서 해야 할 모든 일에 순종하셨습니다. "가이사의 것은 가이사에게, 하나님의 것은 하나님께 바치라"(마 22:21)는 예수님의 태도에서도 알 수 있듯이, 예수님은 하나님의 아들이시기에 세상 법규에 따를 의무가 없으셨지만, 동시에 참된 사람으로 오셨기 때문에 사회인으로서 요구되는 모든 법규를 성실히 준행하는 모본을 보이셨습니다.

본문 27절에서 예수님은 "우리가 저희로 오해케 하지 않기 위하여"라는 말씀을 하십니다. 즉, 법을 안 지키는 사람들이라는 오해가 없도록 하기 위하여, 덕을 세우기 위하여, 윤리적인 모본을 보이기 위하여, 세상의 소금이 되고 빛이 되기 위하여 세상의 법도를 지킨다는 것입니다. 오늘을 살고 있는 그리스도인들에게도 주님의 이 말씀은 매우 중요한 지침이 됩니다. 혹시 우리 그리스도인들의 잘못된 행실 때문에 복음이 오해되고 있지는 않은지 돌아보시기 바랍니다. 우리는 여기서 주님의 도덕성을 엿볼 수 있습니다.

물론 기독교는 단순한 도덕적 종교가 아닙니다. 도덕을 넘어서는 종교입니다. 복음의 종교입니다. 생명의 종교입니다. 그러나 그럼에도 불구하고 그리스도인들은 도덕성 면에서도 비그리스도인들에게 뒤지지 않아야 합니다. 삶의 모든 영역에서, 특별히 공공 질서나 도덕과 관련해서, 삶의 모범을 보이는 것이 그리스도인들에게는 매우 중요합니다.

이 작은 사건과 연관지어 또 한 가지 깨달을 수 있는 것은, 최선을 다하는 자리에 주님의 기적이 임한다는 사실입니다. 예수님은 모든 일을 혼자 힘으로 하실 수 있는데도 불구하고 사람이 해야 할 일은 사람이 하도록 하십니다. 본문의 경우에도 바다까지 가게 하지 않고도 앉은 자리에서 물고기를 명하여 반 세겔을 뱉도록 하실 수도 있었지만 예수님은 그 모든 일을 베드로에게 맡기십니다. 이것이 예수님이 베푸신 기적의 공통점입니다. 그 한 가지 예를, 죽은 나사로를 살리신 기적에서도 볼 수 있습니다. 만일 예수께서 "나사로야 나오너라" 명하셨다면 나사로가 돌을 굴리고 나올 수 있었을 텐데 예수님은 그렇게 하지 않으시고 먼저 사람들에게 돌을 다 옮겨 놓게 하십니다. 그리고나서 죽은 나사로를 살리는 일은 사람이 할 수 없기에 주님이 하셨습니다.

최선을 다하는 곳에 주님의 기적이 나타납니다. 주님은 언제나 우리에게 최선을 요구하십니다. 신앙인으로 산다고 해서 인간으로서의 사회인으로서의 모든 의무를 면제받을 수 있는 것은 아닙니다. 할 수 있는 한, 최선을 다해야 합니다. 그 다음에 하나님께서 역시히십니다. 전능하신 하나님을 믿는다고 해서 최선을 다하는 삶에서 도피하는 사람은 되지 마십시오. 믿음은 결코 우리의 노력이나 최선을 다할 의무를 면케 하지 않습니다. **믿음이 오히려 우리로 최선을 다하게 합니다. 최선을 다해서 살고, 최선을 다해서 공부하고, 최선을 다해서 사업 하는 곳에 하나님의 기적이 일어남을 믿으시기 바랍니다.** 이러한 사실을 통해서도 우리는 건전한 상식에 기초한 예수님의 윤리적인 삶의 모습을 볼 수 있습니다.

셋째 / 사랑을 소유하신 분

세금 징수원들의 목적은 누구를 애먹이는 데 있었습니까? 예수님이었습니다. 그런데 예수님이 기적을 행하신 것은 또 누구도 위한 것이었습니까? 예수님 자신뿐만 아니라 베드로를 위한 것이기도 했습니다.
"돈 한 세겔을 얻을 것이니 가져다가「나와 너를 위하여」주라"(27절).
주님께서는 베드로에게도 이러한 필요가 있다는 것을 보셨습니다. 사실 이것은 베드로가 구하지도 않은 부분입니다.

사랑은 필요를 공급하는 것입니다. 주님은 우리를 사랑하십니다. 그렇기에 그분께서 우리의 필요를 채워 주실 것입니다. 구하기 전에 우리에게 있어야 할 것을 아시는 주님, 그리고 그것을 채우시는 주님. 우리가 기도하지 않아도 하루하루 먹고 사는 것은 기도 안해도 살 수 있다는 사실을 보여 주시기 위함이 아니라, 우리 필요를 미리 알고 공급하시는 주님의 사랑을 알게 하시기 위함입니다.

그리고 여기서 우리는 사랑의 한 가지 측면을 더 발견하게 됩니다. 성미 급한 베드로가 징세원의 물음에 대뜸 "우리 선생님도 세금 내신다"고 답변을 해 버린 터라 만일 예수님이 기적을 행하지 않으시면 베드로가 곤란해질 상황이었습니다. 예수께서 베드로의 체면까지 배려해 주신 것입니다. 얼마나 자상하고 사랑스러운 주님이신지 모릅니다. 그분은 오늘도 당신의 아픔을 보십니다. 그리고 당신의 필요를 보십니다. 당신의 궁극적인 삶의 형편을 보십니다. 우리 삶의 작은 필요까지도 돌아보시고 인도하시는 하나님, 여기서 우리는 주님의 구체적인 사랑을 만날 수 있습니다.

예수님은 하나님이십니다. 그분은 우리 삶의 진정한 도덕적 모본을 보여 주는 분이십니다. 그리고 그분은 한결같은 사랑으로 삶의 장(場)에 다가오는 분이십니다. 지금 주님의 발걸음은 어디를 향해 가고 있습니까? 십자가를 향해서 가고 있습니다. 골고다가 그분 앞에 기다리고 있습니다. 죽음의 행진. 골고다를 향해서 천천히 행진하시는 가운데 자그마한 사건을 통해서 제자들의 필요를 채우셨던 주님. 여기에 신실하신 주님이 있습니다. 이 주님과 함께 가기 때문에 우리의 삶은 외롭지 않습니다. 어떤 고통도 이길 것입니다. 승리할 것입니다. 그 주님이 내 주님이라는 사실을 인하여 오늘 주 앞에 감사와 찬양을 드리십시오.

8
예수님 좇는 동기에
이상(異常)이 생기다

마태복음 19장 27~30절

"이에 베드로가 대답하여 가로되 보소서 우리가 모든 것을 버리고 주를 좇았사오니 그런즉 우리가 무엇을 얻으리이까 예수께서 가라사대 내가 진실로 너희에게 이르노니 세상이 새롭게 되어 인자가 자기 영광의 보좌에 앉을 때에 나를 좇는 너희도 열두 보좌에 앉아 이스라엘 열두 지파를 심판하리라 또 내 이름을 위하여 집이나 형제나 자매나 부모나 자식이나 전토를 버린 자마다 여러 배를 받고 또 영생을 상속하리라 그러나 먼저 된 자로서 나중 되고 나중 된 자로서 먼저 될 자가 많으니라."

복음서에 나타난 베드로의 행적을 추적해 보면 그에게는 질문거리들이 늘 따라다녔음을 알 수 있습니다. 학생으로 말하자면 베드로는 열의를 가지고 공부하는 학생입니다. 공부 잘하는 학생이 질문도 잘합니다. 때로는 질문이 좋지 않은 동기로 사용될 수도 있지만 구도 (求道)를 위한 질문, 인생의 답을 얻기 위한 진지한 질문은 진리를 경험하는 중요한 계기가 되기도 합니다. 묻지 않으면 해답을 얻을 수가 없는 법입니다. 기독교 신앙의 중요한 이슈들이 베드로의 질문을 통해서 제시되고 정리된 것은 높이 살 만한 사실입니다.

49O번까지 용서하라?

그 중에서도 대표적인 두 질문이 바로 본문에 나타난 질문과 마태복음 18장에 나오는 질문입니다. 마태복음 18장 21절에서 베드로는 예수께 나아와 이렇게 질문을 던집니다.
"주여 형제가 내게 죄를 범하면 몇 번이나 용서하여 주리이까 일곱 번까지 하오리이까."
지금 베드로는 용서의 한계에 대해 묻고 있습니다. 전통적인 유대교의 가르침에 따르면 다른 사람이 잘못했을 때 세 번까지는 용서하라고 되어 있는데 예수님의 생각은 과연 어떠한지 알고 싶었던 것입니다. 예수님의 대답이 무엇입니까?

"일곱 번뿐 아니라 일흔 번씩 일곱 번이라도 할지니라"(22
절).

베드로는 내심 '유대교 랍비들이 세 번까지 용서하라고 했
으니까 일곱 번 정도면 충분하겠지'라고 생각하고 질문을
던졌을지 모릅니다. 그러나 예수님의 대답은 예상을 완전
히 뒤엎는 것이었습니다. 일흔 번씩 일곱 번이라니 그러면
490번이라도 용서하라는 말입니까? 아닙니다. 이것은 용서
가 우리 삶의 방식이 되어야 한다는 말입니다. 한평생 용
서하면서 살아야 한다는 말씀입니다.

예수님의 이러한 뜻은 그 다음에 나오는 비유에서 잘 드
러납니다. 1만 달란트 빚진 자가 탕감받은 이야기입니다.
1만 달란트면 한평생 죽어라 일해도 벌 수 없는 큰 돈입니
다. 그러니까 갚을 희망이 없는 빚을 진 셈입니다. 갚을
수 없을 만큼 큰 빚을 진 처절한 상황에서 빚을 탕감받았
으니 얼마나 엄청난 은혜를 입은 것입니까? 그런데 이 1만
달란트 탕감받은 사람에게 백 데나리온의 빚을 진 다른 한
사람이 있습니다. 백 데나리온은 석 달 치 월급에 해당하
는 금액으로서, 적은 돈은 아니지만 1만 달란트에 비하면
정말 새 발의 피도 안 되는 돈입니다. 그런데 1만 달란트
의 빚을 탕감받은 사람이 자기 채무자에게 찾아가 얼른 빚
을 갚으라고 독촉합니다.

예수께서 왜 이 얘기를 하셨습니까? 갚을 수 없을 만큼

큰 은혜의 빚을 주님께 진 우리가, 다시 말해서 주의 은혜로 하나님의 영원한 진노를 피하게 된 우리가 용서하지 못할 사람이란 있을 수 없다는 것을 알게 하시기 위해서입니다. 주님께서는 또 "우리가 우리에게 죄 지은 자를 사하여 준 것같이 우리 죄를 사하여 주옵시고"(마 6:12)라고 기도하라고 가르치십니다. 이웃을 용서하는 삶, 이것이 그리스도인의 마땅한 삶의 방식이 되어야 합니다.

결국 "형제가 죄를 범하면 몇 번이나 용서하여 주리이까"라는 베드로의 질문을 통해 용서에 대한 위대한 진리가 선포되게 된 것입니다.

우리가 무엇을 얻으리이까?

본문 역시 베드로가 던지는 질문으로 시작됩니다. 이것은 대답이면서 동시에 질문입니다.

"이에 베드로가 대답하여 가로되 보소서 우리가 모든 것을 버리고 주를 좇았사오니 그런즉 우리가 무엇을 얻으리이까"(27절).

한마디로, 예수님의 제자들이 받게 될 보상의 내역이 무엇이냐는 것입니다. 어쩌면 이 질문은 베드로뿐 아니라 모든 제자들이 하고 싶었던 질문이었을지 모릅니다. 다만, 늘 솔직하고 용기 있는 베드로가 질문자의 역할을 대표로 수행한 것이라고 할 수 있습니다. "모든 것을 버렸다"는 베드로의 말은 결코 과장된 것이 아닙니다. 어부로서 밥줄인

그물을 버린 것보다 더 큰 희생은 생각하기 힘들기 때문입
니다. 베드로에게는 그물을 버려 두고 예수를 좇은 것이
제자 됨의 첫 출발이었습니다.

시몬 베드로와 예수님의 갈릴리 바닷가에서의 만남, 생
각나십니까? 형제 안드레와 함께 그물을 내려 고기를 잡고
있던 어부 베드로. 아침이면 바다에 나가 고기를 잡고 저
녁이면 그물을 씻고 집에 돌아와 잠시 안식을 취하다가 날
이 밝으면 다시 그물을 메고 갈릴리 바다에 나가 온종일
파도와 씨름하는 반복적이고 무의미한 삶을 살던 베드로.
그의 삶에 우리네 모습이 투영되어 보이지 않습니까? '이
렇게 한세상 살다 가는 거지 뭐' 했던 시몬 베드로와 안드
레에게 어느 날 한 사람이 찾아옵니다. 그 날은 밤이 새도
록 고기 한 마리 잡지 못한 날이었습니다. 그런데 몇 개월
전 동생의 소개로 한 번 만난 적이 있는 그 사람이 갑자기
"깊은 데로 가서 그물을 내려 고기를 잡아라"고 합니다.

왠지 모르게 권위가 느껴지는 그의 말에 순종하여 그물
을 내리자 놀랍게도 그물이 찢어질 정도로 많은 고기가 잡
힙니다. 그 순간 베드로의 인생이 완전히 바뀌고 맙니다.
"사람 낚는 어부가 되게 하겠다"는 주님의 위대한 부르심
앞에 베드로가 어떻게 반응합니까? 그 자리에 그물을 버려
두고 예수를 좇습니다. 이것이 베드로가 내딛은 제자로서
의 첫걸음이었습니다. 그 후로 베드로는 메시야이신 예수

님을 신바람 나게 따라다닙니다. 제자 되기 이전의 삶과는
완전히 달라진 삶이었습니다. 오늘날, 주일이면 아무것도
못하고 교회에 매여 있는 성도들이 많은 것처럼 베드로도
그렇게 주님께 매인 삶을 열심히 살았습니다.

  그러던 어느 날 문득 베드로의 마음에 이런 생각이 들었
습니다.
'이렇게 내가 주일에도 시간 바쳐 가며 주님을 섬기고, 주
중에도 따라다니며 봉사하는 것이 과연 수지가 맞는 장사
일까? 혹시 내가 손해 볼 짓을 하고 있는 것은 아닐까? 젊
어서 예수를 믿으니 청춘 낭비이고, 헌금을 드리니 재산
낭비이고, 시간을 드리니 시간 낭비가 아닐까.'
쉽게 말하면 본전 생각이 난 것입니다. 베드로는 이런 마
음을 숨기지 않고 솔직하게 얘기합니다. 그래서 주님께
"주님, 우리가 모든 것을 버리고 주를 좇았는데 그 대가가
무엇입니까?"라고 묻습니다.

  이에 예수께서는 이렇게 말씀하십니다.
"내가 진실로 너희에게 이르노니 세상이 새롭게 되어 인자
가 자기 영광의 보좌에 앉을 때에 나를 좇는 너희도 열두
보좌에 앉아 이스라엘 열두 지파를 심판하리라 또 내 이름
을 위하여 집이나 형제나 자매나 부모나 자식이나 전토를
버린 자마다 여러 배를 받고 또 영생을 상속하리라"(28, 9
절).

새로워진 세상에서 주님과 함께 온 인류를 심판하는 자리
에 앉게 될 것이며, 또 예수를 위해 헌신한 만큼 복을 받
고 영생을 얻을 것이라고 하십니다. 여기까지는 좋았습니
다. 그런데 나중에 예수께서 아주 재미있는 말씀을 하십니
다.
"그러나 먼저 된 자로서 나중 되고 나중 된 자로서 먼저
될 자가 많으니라"(30절).

  왜 이런 말씀을 하셨을까요? 이 말씀이 마태복음 20장의
포도원 품꾼 비유 끝에서 다시 한 번 반복됩니다(16절 참
조). 예수께서 같은 말씀을 반복하신 이유는 아마도 그 의
미를 강조하기 위해서이거나, 아니면 제자들이 알아듣지
못하므로 깨닫게 하시기 위해서였을 것입니다. 포도원 품
꾼 비유는 한마디로 "제자직의 동기(動機)", 즉 예수님을
따라다니는 이유에 대해 명확하게 가르치고 있는 비유입니
다. 다시 한번 베드로의 질문을 계기로 제자직의 바른 동
기가 선포된 것입니다.

은총의 동기인가, 흥정의 동기인가

포도원 품꾼 비유가 주고 있는 가장 중요한 교훈은 "흥정
의 동기가 아닌 은총의 동기로 예수님을 따라야 한다"는
것입니다. 먼저 와서 포도원에서 일한 일꾼들은 늦은 오후
가 되어서야 일을 시작한 사람들이 자신들과 동일한 품삯

을 받는 것 때문에 집주인을 원망합니다. 어쩌면 예수님은
베드로를 비롯한 제자들이 품고 있는 원망의 마음을 보셨
기에. 제자 된 자로서의 잘못된 동기를 교정하기 위해 이
비유를 예로 드셨는지 모릅니다.

 포도원 품꾼 비유의 시작은 이렇습니다.
"천국은 마치 품꾼을 얻어 포도원에 들여보내려고 이른 아
침에 나간 집주인과 같으니 저가 하루 한 데나리온씩 품꾼
들과 약속하여 포도원에 들여보내고"(마 20:1,2).
그러니까 하루 일하면 한 데나리온을 주겠다고 처음부터
약속한 것입니다. 한 데나리온은 그 당시 일꾼이 받는 통
상적인 일당이었습니다. 아침 일찍이 포도원에서 일할 일
꾼을 모집한 집주인은 그 후로도 네 차례에 걸쳐 일꾼을
모집합니다. 아침 9시. 정오. 오후 3시에 나가 아직 일자
리를 얻지 못해 놀고 서 있는 사람들을 포도원으로 불러들
입니다. 심지어 포도원 문을 닫을 시각인 5시에도 새로운
일꾼을 부릅니다.

 그리고 해가 저물 무렵 일당을 지급합니다. 일한 시간이
다르니 일당도 당연히 차별화해서 주겠거니 생각한 사람들
은 오후 5시에 온 사람에게도 한 데나리온씩을 지급하는
것을 보고는 불쑥 원망하는 마음이 치밀었습니다. "우리는
저들보다 먼저 와서 더위에 고생하며 죽어라 일했는데 불
과 한두 시간밖에 일하지 않은 사람과 우리를 어떻게 똑같

이 대우할 수 있습니까?" 하는 원망이었습니다. 이때 주인
이 무어라 말합니까?

"주인이 그 중의 한 사람에게 대답하여 가로되 친구여 내
가 네게 잘못한 것이 없노라 네가 나와 한 데나리온의 약
속을 하지 아니하였느냐"(13절).

약속을 지켰으니 된 것 아니냐는 것입니다. 그리고는 아주
단호하게, "네 것이나 가지고 가라 나중 온 이 사람에게
너와 같이 주는 것이 내 뜻이니라"고 말합니다. "한두 시
간밖에 일하지 않았다고 해서 그만큼의 품삯만을 지급한다
면 그들이 무슨 낯으로 처자식을 보겠느냐. 그런 그들을
너희들과 똑같이 대우할 권한이 내게 없느냐"는 것입니다.
그리고는 앞에서 언급한 바 있는 있는 말씀을 다시금 반복
하십니다.

"이와 같이 나중 된 자로서 먼저 되고 먼저 된 자로서 나
중 되리라"(16절).

　이해가 되십니까? 포도원 주인의 의중을 이해하려면 우
선은, 포도원 품꾼에 해당하는 우리 그리스도인들이 포도
원 주인 되신 예수 그리스도 앞에 부름 받은 본래 이유가
어디 있는지를 생각해야 합니다. 포도원 주인이 일꾼을 모
집한 이유가 어디에 있다고 생각하십니까? 이 주인이 이른
아침뿐 아니라 한두 시간밖에 부릴 수 없는데도 오후 3시
나 5시에도 사람을 사 들이는 것을 보면, 꼭 일꾼이 필요
하기 때문이 아니라 일이 없는 그들에게 일감을 주고자 하

는 마음이 앞섰으리라고 추측해 볼 수 있습니다. 주인의
은혜가 일꾼 모집의 동기가 된 것입니다.

우리가 없으면 하나님께서 일을 못하실 거라고 생각하십
니까? 물론 아닐 것입니다. 그런데 하나님께서 왜 우리를
각 직분자의 자리로 부르셨을까요?

그것이 바로 은혜입니다. **하나님의 부르심에는 항상 은혜
라는 동기(動機)가 숨어 있습니다. 구원도 자격이 아닌 은혜
로 이루어진 것입니다(엡 2:8 참조). 행위로 말하면 구원받을
자격 있는 사람이 아무도 없습니다.** 지옥에 가야 할 내가.
하나님의 저주와 심판의 대상이었던 내가. 하나님의 사랑
과 은총의 대상이 되었다는 것이 은혜입니다. 그것만 해도
은혜인데 거기다가 또 나를 통해서 하나님의 일을 하시겠
다고. 나 같은 사람을 통해서 복음을 전하고 하나님의 나
라를 확장하시겠다고 불러 주시니. 그것이 은혜가 아니고
무엇이겠습니까?

여기 포도원 비유에서 반복해서 강조된 단어가 하나 있
습니다. 고용되기 전의 일꾼들의 상태를 나타내는 단어입
니다.
"또 제 삼시에 나가 보니 장터에 「놀고 섰는」 사람들이 또
있는지라"(마 20:3).
"가로되 너희는 어찌하여 종일토록 「놀고 여기 섰느뇨」"
(마 20:7).

우리도 예수 믿기 전에는 별 뚜렷한 목적도 의미도 없이
괜스레 인생을 낭비하고 있던 사람들입니다. 그래서 하마
터면 주님의 심판대 앞에 섰을 때 할 말이 없을 뻔했던
우리입니다. 자기 나름대로는 모종의 의욕을 가지고 열심
히 살았다고 할지 모르지만 하나님과 상관없는 인생은 헛
된 시간 낭비일 뿐입니다. 그런 우리를 부르시고 구원해
주시고 하나님의 자녀 삼아 주시고 영원한 생명을 주시고,
거기에 또 일꾼으로까지 사용해 주시니 얼마나 감사한지
모릅니다.

  그래서 처음에는 감사한 마음에, 복음 전하는 일에 교회
섬기는 일에 열심을 냅니다. 베드로도 그랬을 것입니다.
메시야라는 분이 자기를 불러 주시고 자기를 제자 삼아 주
셨다는 사실 때문에 신바람 나서, 그물(생업)을 포기한 것
조차 전혀 후회하지 않았을 것입니다. 예수님을 따라다니
며 찬송하고 기도하고 그분의 말씀을 배우면서 전도하고
기적을 체험하는 것이 좋기만 했을 것입니다. 그러나 동기
는 언제고 변질될 수 있습니다. 베드로에게도 어느 날 갑
자기 회의(懷疑)가 찾아왔는지 모릅니다. 이것은 마귀가
심어 준 회의입니다. 오늘날 우리에게도 이런 의심스런 마
음이 찾아 들 수 있습니다.
'과연 이렇게 열심히 예수님을 믿는 것이 수지가 맞을까?
주일에 마음대로 시간을 내서 돌아다닐 수가 있나. 주 중
에도 시도 때도 없이 교회에 가야 하니.'

은총의 동기가 흥정의 동기로 변질될 때 드는 마음입니다.

"이에 베드로가 대답하여 가로되 보소서 우리가 모든 것
을 버리고 주를 좇았사오니 그런즉 우리가 무엇을 얻으리
이까."
베드로의 마음에 흥정의 동기가 발동하기 시작한 것입니
다. 베드로는 제자 중 제일 처음으로 부름 받은 사람이었
습니다. 예수께서는 그에게 각별히 많은 책임을 맡겨 주셨
습니다. 그러나 주님은 어느 날 베드로의 마음에서 하나님
의 은혜에 대한 감사가 서서히 변질되고 있는 모습을 보셨
습니다. 베드로가 맞고 있는 신앙의 위기를 보신 것입니
다. 그런 베드로를 향해 예수님은 마음으로 이렇게 말씀하
고 계셨을 것입니다.
'베드로야, 네가 만약 이런 흥정의 동기로 나를 따른다면
너는 머지 않아 나를 원망하게 될 것이다. 그런 마음으로
는 나를 따라다녀도 아무 소용이 없으며, 먼저 된 자로서
나중 될 수가 있다.'

그렇다면 포도원 문을 닫을 무렵에 아슬아슬하게 부르심
받은 사람들의 마음은 어땠겠습니까? 아마, 자기를 고용해
준 것만으로도 감격했을 것입니다. 느지막이 예수께 부름
받은 사람들도 이와 마찬가지입니다. 하나님께 부름 받고
자녀 된 사실만으로도 충분히 감사할 따름입니다. 이들의
마음속에는 은총의 동기가 생생하게 살아 있습니다. 오늘

날 예수님을 따르는 우리에게도 이런 마음이 있어야 합니
다. 흥정하기 시작하면 그때부터는 모든 동기가 변질됩니
다. 봉사의 자리가 원망의 자리로 변하게 됩니다. 그래서
어떤 사람은 처음 되고도 나중 될 수 있으며, 나중 되고도
처음 될 수 있습니다.

**부디, 이 세상을 떠나가는 그 순간까지 마음속에 있는 은총
의 동기가 변질되지 않기를 바랍니다. 불러 주시고 구원해
주시고 자녀 삼아 주신 것만으로도 더할 수 없는 은혜입니
다. 거기에 또 봉사할 기회까지 주셨으니 황송할 따름입니
다.** 우리가 자주 부르는 찬송가의 가사처럼 "이름 없이 빛
도 없이 감사하며 섬기리다"는 고백이 우리의 고백이 되어
야 합니다. 한평생 이 마음으로 변함 없이 주님과 이웃을
섬기는 그리고 몸 된 교회를 섬기는 성도가 되시기를 바랍
니다.

바울 사도는 이런 동기로 한평생 주님을 섬겼습니다. 그
렇기에 그가 "빚진 자의 마음"을 가질 수 있었던 것입니다
(롬 1:14 참조). 하나님, 나는 주님의 은혜에 빚지고 사는
사람입니다. 나는 주 앞에 아무것도 내놓을 자격이 없습니
다. 주님 앞에 그저 감사할 따름입니다. 이런 심정으로 한
평생 감격 속에 주님을 따랐던 바울 사도, 그는 "나의 나
된 것이 하나님의 은혜"임을 알고 주님을 섬겼던 제대로 된
그리스도인이었습니다. 우리 모두는 갚을 수 없는 주의 은

혜에 빚진 자들입니다. 조금 봉사했다고 해서 조금 헌금했다고 해서 그것으로 주님의 은혜를 갚을 수 있다고 착각하지 말아야 합니다. 하나님의 은혜에 대한 감격에 젖어 한평생 쓰임 받는 삶을 살아가는 성도가 되시기를 바랍니다.

9
예수께 발을 씻기다

요한복음 13장 1~17절

"유월절 전에 예수께서 자기가 세상을 떠나 아버지께로 돌아가
실 때가 이른 줄 아시고 세상에 있는 자기 사람들을 사랑하시
되 끝까지 사랑하시니라 … 저녁 잡수시던 자리에서 일어나 겉
옷을 벗고 수건을 가져다가 허리에 두르시고 이에 대야에 물을
담아 제자들의 발을 씻기시고 그 두르신 수건으로 씻기기를 시
작하여 시몬 베드로에게 이르시니 가로되 주여 주께서 내 발을
씻기시나이까 예수께서 대답하여 가라사대 나의 하는 것을 네
가 이제는 알지 못하나 이 후에는 알리라 베드로가 가로되 내
발을 절대로 씻기지 못하시리이다 예수께서 대답하시되 내가
너를 씻기지 아니하면 네가 나와 상관이 없느니라 시몬 베드로
가 가로되 주여 내 발뿐 아니라 손과 머리도 씻겨 주옵소서 예
수께서 가라사대 이미 목욕한 자는 발밖에 씻을 필요가 없느니
라 온몸이 깨끗하니라 너희가 깨끗하나 다는 아니니라 하시니
이는 자기를 팔 자가 누구인지 아심이라 그러므로 다는 깨끗지
아니하다 하시니라 저희 발을 씻기신 후에 옷을 입으시고 다시
앉아 저희에게 이르시되 내가 너희에게 행한 것을 너희가 아느
냐 너희가 나를 선생이라 또는 주라 하니 너희 말이 옳도다 내
가 그러하다 내가 주와 또는 선생이 되어 너희 발을 씻겼으니
너희도 서로 발을 씻기는 것이 옳으니라 내가 너희에게 행한
것같이 너희도 행하게 하려 하여 본을 보였노라 내가 진실로
진실로 너희에게 이르노니 종이 상전보다 크지 못하고 보냄을
받은 자가 보낸 자보다 크지 못하니 너희가 이것을 알고 행하
면 복이 있으리라."

본 문의 사건은 다락방에서 일어난 것입니다. 시
간으로 말하자면 목요일 저녁, 그러니까 십자
가를 지시기 전날 일어난 사건으로 보는 것이 옳습니다. 1
절("유월절 전에 예수께서 자기가 세상을 떠나 아버지께로
돌아가실 때가 이른 줄 「아시고」")과 3절("서녁 먹는 중
예수는 아버지께서 모든 것을 자기 손에 맡기신 것과 또
자기가 하나님께로부터 오셨다가 하나님께로 돌아가실 것
을 「아시고」")에 잘 나타나 있듯이 이때 주님은 내일이면
져야 할 십자가의 무게를 구체적으로 느끼고 계셨습니다.

고통을 알고 당하는 것과 모르고 당하는 것은 커다란 차
이가 있습니다. 주님은 신성(神性)을 지닌 분이셨기 때문
에 자신이 어떤 모습으로 고난을 당하게 될는지에 대해 구
체적으로 아셨습니다. 동시에 예수님은 인성(人性)을 입고
이 땅에 오셨기 때문에 우리와 똑같이 고통을 느낄 수 있
으셨습니다. 따라서 눈앞에 구체적으로 다가온 십자가의
고통을 인지하셨을 때 그분의 심정은 참으로 비감했을 것
입니다. 공관복음에 따르면, 이러한 상황에서도 제자들은
누가 더 크냐를 놓고 다투기나 했으니 예수님의 마음이 얼
마나 더 처참했겠습니까?

예수께서 제자들의 발을 씻기시는 전혀 기대치 못한 행
동을 하시자 베드로가 또 가만히 있지 못하고 민감한 반응
을 보입니다. 베드로로서는 예수님의 행동이 이해하기 어

려웠기 때문입니다. 본문에서 가장 강력한 어조를 띠는 부분이 있다면 그것은 8절에서 베드로가 예수님을 만류하는 장면입니다.

"베드로가 가로되 내 발을 절대로 씻기지 못하시리이다."

이에 대한 예수님의 대답도 굉장한 강조의 어조를 띠고 있습니다.

"내가 너를 씻기지 아니하면 네가 나와 상관이 없느니라."

우리는 본문에서 베드로와 주님 사이에 오간 대화에 대해 두 가지 관점에서 접근하여 생각해 볼 수 있습니다. 하나는 구속적(救贖的) 혹은 대속적 관점에서의 접근이고 또 하나는 도덕적 관점에서의 접근입니다.

구속적 관점

대개 우리는 예수께서 섬김의 모본을 제자들에게 보여 주셨다는 차원에서 이 말씀을 단순히 도덕적 관점에서만 접근하기가 쉽습니다. 물론 그런 의미도 포함하고 있는 게 사실입니다. 그러나 그에 앞서서 이 말씀은 먼저 구속적 관점에서 접근해야 합니다. 단순히 제자들의 발을 씻기시는 섬김의 자세를 본받으라는 뜻에서 이 말씀을 주셨다고 보기엔 예수님의 어투가 지나치게 강경한 감이 있기 때문입니다.

"내가 너를 씻기지 아니하면 네가 나와 상관이 없느니라."

또한 7절에서 예수님이 "나의 하는 것을 네가 이제는 알지

못하나 이후에는 알리라"고 하신 것으로 봐서도 이것이 단
순히 도덕적 실천만을 강조한 메시지가 아니라는 것을 알
수 있습니다. 십자가 사건을 경험하고 난 후에야 비로소
깨닫게 될 진리가 이 사건에 내포되어 있는 것이 분명합니
다.

8절에 사용된 "씻기다"라는 단어와 10절에 사용된 "깨끗
하다"라는 단어를 주의해서 볼 필요가 있습니다. 요한복음
을 전체적으로 연구해 보면 알게 되는 사실이지만 요한복
음에서는 "씻김"이나 "깨끗함"이라는 단어가 구속적인 의
미로 쓰이는 경우가 많습니다. 다시 말하면 구원의 진리를
가르치기 위한 수단으로서 이 단어들이 사용되고 있는 것
입니다. 예컨대 요한복음 15장을 보십시오. 요한복음 15
장에 등장하는 포도나무 비유는 예수께서 제자들의 발을
씻기신 후 베풀어 주신 다락방 설교의 한 부분입니다. 3절
말씀입니다.
"너희는 내가 일러준 말로 이미 깨끗하였으니."
여기에 쓰인 깨끗함이란 말도 죄 용서의 의미로 사용된 것
입니다.

**예수께서 이 땅에 오신 가장 중요한 목적은 우리의 죄 문제
를 해결하시는 데 있습니다. 그분이 우리를 죄에서 건져 주
실 구원의 주님이십니다.** 마리아가 예수님을 잉태했을 때
주의 사자(使者)는 마리아에게 "아들을 낳으리니 이름을

예수라 하라 이는 그가 자기 백성을 저희 죄에서 구원할
자이심이라"(마 1:21)는 말로써 기쁨의 소식을 전했습니
다. 예수님은 우리에게 도덕적인 모범을 보이시고자 이 땅
에 오신 것이 아닙니다. 물론 예수 그리스도의 삶은 도덕
적 모본이 되기에 충분합니다. 그분은 이 땅에 살았던 사
람 가운데 가장 뛰어난 도덕 실천의 본을 남기신 분이었습
니다. 그럼에도 불구하고 예수께서 이 땅에 오신 가장 중
요한 목적은 도덕적 모범이 아니라 구속 사역에 있었습니
다.

  그런데도 기독교를 단순한 도덕적 종교로 격하시키는 것
은 유감스런 일이 아닐 수 없습니다. 기독교는 지고한 도
덕 기준을 포함하고 있지만 단순히 도덕적 종교는 아닙니
다. 인간의 딜레마는 도덕을 모르는 데 있는 것이 아니라
도덕을 실천할 능력이 없는 데 있습니다. 무엇을 해야 하
며 무엇을 하지 말아야 하는지는 잘 알고 있으나 그것을
실천할 능력이 없는 게 문제입니다. 이것이 죄인의 무능함
입니다. 스스로를 구원할 힘이 인간에게는 없습니다. 그래
서 예수께서는 전적(全的)인 부패에 빠져 있는 우리 인간
을 죄에서 구원하시기 위해서 이 땅에 오셨습니다. 그 예
수님을 통해서 죄 씻음을 받지 못한다면 우리는 진정 그
예수님과 상관없는 자입니다. 예수께서는 아마도 자신이
이루셔야 할 이 구원의 역사(役事)(그리고 이 역사가 내일
이면 겪게 될 십자가 죽음을 통해 완성된다는 사실)를 제

자들의 발을 씻겨 주시는 행위를 통해서 다시 한번 강조하
고자 하셨을 것입니다.

  예수님의 말씀을 들은 베드로는 이번에는 아예 다른 데
까지 씻어 딜라고 부닥합니다.
"주여 내 발뿐 아니라 손과 머리도 씻겨 주옵소서"(9절).
예수님의 말씀을 제대로 이해하지 못한 채, 일을 저질러
놓고 보는 것입니다. 이것이 베드로의 전형적인 행동 방식
입니다. 이러한 충동적이고 돌출적인 베드로의 반응에 예
수께서는 아주 흥미로운 말씀을 하십니다. 이미 목욕한 자
는 발밖에 씻을 필요가 없다는 것입니다.
  여기서 주님은 목욕과 발 씻음을 분명히 구분하고 계십
니다. 목욕은 처음 예수님을 구세주로 믿고 의지할 때 경
험하게 되는 거듭남을 뜻하고, 발 씻음은 영접 후에 계속
적인 죄의 자백을 통해서 받게 되는 용서를 뜻합니다.

  예수를 구세주와 주님으로 받아들이는 순간 우리는 거듭
납니다. 새롭게 태어납니다. 성경은 이같은 사실에 대해
다음과 같이 증언합니다.
"그런즉 누구든지 그리스도 안에 있으면 새로운 피조물이
라 이전 것은 지나갔으니 보라 새 것이 되었도다"(고후
5:17).
"우리를 구원하시되 우리의 행한 바 의로운 행위로 말미암
지 아니하고 오직 그의 긍휼하심을 좇아 중생(重生)의 씻

음과 성령의 새롭게 하심으로 하셨나니"(딛 3:5).
예수를 구세주와 주님으로 영접할 때 우리는 새로운 피조
물로 거듭날 뿐 아니라 근원적인 죄 용서를 받습니다. 그
것에 대해 성경은 이렇게 말씀합니다.
"우리가 그리스도 안에서 그의 은혜의 풍성함을 따라 그의
피로 말미암아 구속 곧 죄사함을 받았으니"(엡 1:7).

그럼에도 불구하고 이 땅에서 살아가는 동안 우리는 죄
에서 완전히 자유하지는 않습니다. 한때 구원파라는 이단
종파에서는 영접 당시 받은 죄 사함을 통해 모든 죄 문제
가 영원히 해결된다는 가르침을 전한 적이 있습니다. 물론
그리스도를 영접함으로써 근본적인 죄 문제는 영원히 해결
됩니다. 그러나 죄와의 싸움 자체가 끝난 것은 아닙니다.
만약 그렇게 주장한다면 그것은 자신을 속이고 성경을 부
정하는 것입니다. 초대교회 당시에도 이와 같은 가르침을
펴는 영지주의(靈知主義)라는 분파가 있었습니다. 그들은
한번 예수를 믿으면 죄와의 싸움은 영원히 끝난 것이니 죄
에 대해서는 더 이상 걱정하지 않아도 된다고 주장했습니
다. 이것은 자칫 잘못하면, 죄 문제는 이미 해결되었으니
영접 이후에는 아무렇게나 살아도 상관없다는 식으로 비화
될 소지가 아주 큰 위험한 주장이 아닐 수 없습니다.

구원파의 주장이나 영지주의가 품고 있는 오류는 요한일
서 1장을 통해 분명하게 드러납니다. 요한일서는 예수를

영접하고 거듭난 하나님의 자녀들을 대상으로 씌어진 책입
니다. 그럼에도 불구하고 요한일서 1장 8절에는 "만일 우
리가 죄 없다 하면 스스로 속이고 또 진리가 우리 속에 있
지 아니할 것이요"라고 기록되어 있습니다.

그리스도인이라면 분명히 근본적인 죄 사함은 받았습니
다. 그러나 구원받은 그리스도인들도 이 땅을 살아가면서
여전히 죄를 짓습니다. 우리 안에 죄성(罪性)이 아직 남아
있기 때문입니다. 그러나 중요한 것은 구원받은 자로서 범
죄했을 때 그 문제를 어떻게 처리할 것인가 하는 것입니
다.

성경이 이에 대해서도 분명하게 말씀해 줍니다.
"만일 우리가 우리 죄를 자백하면 저는 미쁘시고 의로우사
우리 죄를 사하시며 모든 불의에서 우리를 깨끗게 하실 것
이요"(요일 1:9).
여기서 언급하는 "죄 사함"은 구원 이후에 이루어지는 지
속적인 죄 용서를 뜻합니다.

예수께서 제자들의 발을 씻기시는 장면은 그 당시 이스
라엘의 생활 환경을 알 때 더 잘 이해할 수 있습니다. 이
스라엘을 포함한 중동 지방은 사막 지역이기 때문에 먼지
가 많습니다. 통상 샌들을 신고 다니는 이 지역 사람들이
외출하고 돌아올 때 제일 먼저 더럽혀지는 신체 부위는 당
연히 발입니다. 그래서 아무리 온몸을 깨끗하게 씻었어도

발은 여전히 쉽게 더럽혀지는 부위라고 할 수 있습니다. 이와 같이, 발을 땅에 디디고 사는 한 죄 문제와의 싸움은 계속될 수밖에 없습니다.

그렇다고 해서 죄를 범할 때마다 다시 거듭나야 합니까? 그렇지 않습니다. 거듭난다는 것은 일회적인 사건입니다. 육체적인 출생도 단 한 번 이루어지는 것처럼 하나님의 자녀로 새롭게 태어나는 영적인 출생도 단 한 번 이루어집니다. 이미 목욕을 한 상황이라면 발이 더럽혀졌더라도 발만 씻으면 됩니다. 그것이 바로 자백입니다. 죄를 지으면 다시금 중생해야 하는 것이 아니라 자기 죄를 자백하면 됩니다. 그렇게 할 때 하나님께서 용서해 주시마고 약속하셨습니다.

어떤 사람은 하나님께 용서를 비는 것도 하루 이틀이지 어떻게 염치도 없이 매번 용서를 구하느냐고 반문하는 사람이 있습니다. 그러나 이런 경우를 생각해 보십시오. 발은 씻어도 씻어도 계속 더럽혀지게 마련입니다. 아침에 씻고 출근했는데 오후 무렵 되면 금새 지저분해져 있습니다. 그래서 오후에 한차례 더 닦고 저녁 무렵이 되어 집에 돌아와 보니 또 더럽혀져 있습니다. 밤낮 씻어도 말짱 헛수고 같습니다. 그렇다고 해서 다시는 발을 씻지 않기로 한다면 어떻게 되겠습니까? 발을 절단해 버려야 하는 사태가 일어날지도 모릅니다. 금새 더럽혀진다 해도 지속적으로 씻어 주는 것이 옳습니다. 그것이 바로 삶을 제대로 지켜 나가고 있다는 증거입니다.

이와 마찬가지로 그리스도인의 삶 가운데 지속적으로 이루어지는 죄의 지백은 그의 영적인 건강이 바르게 유지되고 있다는 증거가 됩니다. 그만큼 자신의 삶을 하나님의 눈으로 성찰하고자 애쓴다고 할 수 있기 때문입니다. 제일 위험한 사람은 자백을 포기한 사람입니다. 최근 생활 속에 죄의 자백이 없다면 큰 문제입니다.

"이미 목욕한 자는 발밖에 씻을 필요가 없느니라 온몸이 깨끗하니라 너희가 깨끗하나 다는 아니니라"(요 13:10). 예수님은 대부분의 제자들이 이때쯤에는 예수를 구세주로 믿었기 때문에 온몸이 깨끗하다는 것을 아셨습니다. 그러나 재미있는 것은 제자들 가운데도 중생을 체험하지 못한 사람이 있었다는 것입니다. 예수님은 그가 가룻 유다라는 사실을 아셨습니다(11절 참조). 그는 예수님을 따라다녔지만 거듭나지 못한 사람이었습니다. 우리는 흔히 유다가 한때 예수님을 열심히 믿다가 유혹에 못 이겨 타락했다고 생각합니다. 그가 예수님을 따라다니는 제자들 속에 섞여 있었던 것은 사실입니다. 그러나 그가 예수를 자신의 메시야로 믿었다는 증거는 아무 데도 없습니다. 그냥 따라만 다닌 것입니다. 오늘날로 말하면 교회만 나온 것입니다. 직분만 맡은 것입니다. 그러면서도 거듭나지 않을 수 있습니다.

예수님은 지금 제자들의 발을 씻기시는 단순한 장면을 통해서 구속의 심오한 진리를 전달하고 계십니다. 그분은 우리를 씻겨 주기 위해서 오셨습니다. 그분을 통해서 단번에 죄 사함을 받았다는 사실, 그리고 지금도 여전히 죄 사함을 받을 수 있다는 사실이 우리에게 내려진 더할 나위 없는 축복임을 확신하시기 바랍니다.

도덕적 관점

그러나 한걸음 더 나아가서, 예수께서 제자들의 발을 씻기신 것은 섬김의 도리를 가르치기 위한 것이기도 했습니다. 그리스도인들에게 섬김의 삶이 중요한 이유가 무엇입니까? 또 무엇이 진정한 섬김의 모습입니까? 본문에 나타난 예수님의 모범을 통해 우리는 진정한 섬김의 세 가지 특징을 찾아볼 수 있습니다.

첫째로, **진정한 섬김은 그 동기가 사랑입니다.**

아무리 위대한 일을 해도 사랑이 없다면 아무것도 아닙니다. 그것이 고린도전서 13장이 강조하는 바입니다. 목숨을 내어 주는 위대한 행위도 그 바탕이 사랑이 아니라면 아무것도 아닙니다. 본문 1절은 "유월절 전에 예수께서 자기가

세상을 떠나 아버지께로 돌아가실 때가 이른 줄 아시고 세
상에 있는 자기 사람들을 사랑하시되 끝까지 사랑하시니
라"고 말씀하고 있습니다. 사랑 때문에 예수께서 제자들의
발을 씻기셨습니다. 열심히 봉사하는 우리의 내면을 들여
다보면 때로는 사랑이 아닌 자기 과시기 동기로 자리잡고
있을 때가 있습니다. 진정한 섬김은 하나님께서 허락하신
사람들에 대한 뜨거운 사랑이 궁극적인 동기가 되어야 합
니다.

둘째로, 진정한 섬김은 먼저 하는 것입니다.

남이 해줄 때까지 기다려서는 안 됩니다. 자신이 먼저 해
야 합니다. 그것이 진정한 섬김의 실천입니다. 먼저 대접
받고 난 후에 해주는 것은 조건적인 섬김입니다. 본문을
묵상해 보면 흥미로운 사실 하나를 발견하게 됩니다. 혹
시, 예수께서 제자들의 발을 씻기기 시작하신 때가 언제였
을 거라고 생각하십니까? 이것이 100퍼센트 옳다고 할 수
는 없지만 3,4절에 근거해서 생각해 볼 때 식사가 끝나갈
무렵이었을 가능성이 큽니다. 아예 식전에 하시든지 아니
면 식사를 다 마치고 나서 하시지 않고 왜 식사하시다 말
고 도중에 제자들의 발을 씻기셨을까요?

아마도 이런 상황이 아니었을까 추측해 봅니다. 처음에
다락방에 들어서시면서 예수님은 제자들 중에 누군가가 자

신의 발을 씻겨 줄 것을 기대하셨을지 모릅니다. 왜냐하면
그 당시 유대 지역에서는 귀한 손님을 맞을 때면 통상적으
로 발을 씻겨 주는 것이 풍습이었기 때문입니다. 집집마다
문 앞에 항아리가 있고 그 안에는 물이 들어 있습니다.
그러니까 예수님도 제자 중 누군가 자신의 발을 씻겨 주길
기대하셨을 가능성이 있습니다. 그런데 아무도 선뜻 일어
나 "예수님, 제가 발을 씻겨 드리겠습니다" 하는 사람이
없습니다. 내일이면 십자가를 지셔야 하는 예수님 입장에
서는 얼마나 씁쓸한 상황이었겠습니까? 그래서 내내 지켜
보시다가 마음이 답답해진 예수님이 먼저 일어나서 섬김의
실천을 해보이신 것이 아닌가 생각됩니다.

　사랑은 먼저 하는 것입니다. 진정한 섬김도 먼저 하는
것입니다. 기다리지 마십시오. 먼저 하시기 바랍니다.

　셋째로, **진정한 섬김은 상대방의 구체적인 필요를 채우는
것입니다.**

그 필요는 물질적인 필요만이 아닙니다. 때로는 그것이 정
서적인 필요일 수도 있습니다. 이것도 추측이지만 어쩌면
예수님도 제자들에게 다소나마 위로받고 싶은 심정이셨을
지도 모릅니다. 내일 십자가를 지셔야 하는 상황이기 때문
에 이런 가능성을 전혀 배제할 수 없습니다. 그런데 이런
것도 모르고 자기들끼리 누가 더 크냐 작냐를 논하기에 바
빴던 제자들을 바라보시는 주님의 가슴은 말로 할 수 없이

쓸쓸하셨을 것입니다. 그럼에도 불구하고 예수님은 먼저 제자들의 발을 씻음으로써 그들의 육체적 정서적 필요를 채워 주신 것입니다.

사랑은 마음의 필요를 함께 공급하는 것입니다. 상대방이 필요로 하는 것이 무엇이든 (그것이 정서적 필요이든 물질적 필요이든) 구체적인 필요를 공급하는 것이 사랑입니다. 발이 더럽혀진 사람에게는 발을 씻어 주십시오. 마음에 상처가 많은 사람에게는 상처를 씻어 주십시오. 그것이 사랑입니다. 그것이 섬김입니다.

십자가를 지시기 전날 밤 주께서 우리에게 마지막으로 주셨던 이 위대한 행위 속에 흐르고 있는 이 메시지를 통해, 주님의 거룩한 사랑을 배우시기 바랍니다.

10
겟세마네에서 깜빡 잠이 들다

마태복음 26장 31~46절

"때에 예수께서 제자들에게 이르시되 오늘 밤에 너희가 다 나를 버리리라 기록된 바 내가 목자를 치리니 양의 떼가 흩어지리라 … 베드로가 대답하여 가로되 다 주를 버릴지라도 나는 언제든지 버리지 않겠나이다 예수께서 가라사대 내가 진실로 네게 이르노니 오늘 밤 닭 울기 전에 네가 세 번 나를 부인하리라 베드로가 가로되 내가 주와 함께 죽을지언정 주를 부인하지 않겠나이다 하고 모든 제자도 이와 같이 말하니라 이에 예수께서 제자들과 함께 겟세마네라 하는 곳에 이르러 제자들에게 이르시되 내가 저기 가서 기도할 동안에 너희는 여기 앉아 있으라 하시고 베드로와 세베대의 두 아들을 데리고 가실새 고민하고 슬퍼하사 이에 말씀하시되 내 마음이 심히 고민하여 죽게 되었으니 너희는 여기 머물러 나와 함께 깨어 있으라 하시고 조금 나아가사 얼굴을 땅에 대시고 엎드려 기도하여 가라사대 내 아버지여 만일 할 만하시거든 이 잔을 내게서 지나가게 하옵소서 그러나 나의 원대로 마옵시고 아버지의 원대로 하옵소서 하시고 제자들에게 오사 그 자는 것을 보시고 베드로에게 말씀하시되 너희가 나와 함께 한 시 동안도 이렇게 깨어 있을 수 없더냐 시험에 들지 않게 깨어 있어 기도하라 마음에는 원이로되 육신이 약하도다 하시고 … 다시 오사 보신즉 저희가 자니 이는 저희 눈이 피곤함일러라 또 저희를 두시고 나아가 세 번째 동일한 말씀으로 기도하신 후 이에 제자들에게 오사 이르시되 이제는 자고 쉬라 보라 때가 가까왔으니 인자가 죄인의 손에 팔리우느니라 일어나라 함께 가자 보라 나를 파는 자가 가까이 왔느니라."

약 2천 년 전, 어느 목요일 밤에 일어난 사건입니다. 수난을 예고하는 것으로 본문 말씀은 시작됩니다.

"때에 예수께서 제자들에게 이르시되 오늘 밤에 너희가 다 나를 버리리라 기록된 바 내가 목자를 치리니 양의 떼가 흩어지리라 하였느니라"(31절).

이것은 특별히 구약성경 스가랴서 13장 7절 말씀을 인용한 것입니다. 다시 말하면 예수 그리스도의 고난은 이미 하나님의 계획 속에 들어 있던 것이고, 선지자들을 통해 예언된 것입니다. 본문에는 그리스도의 고난뿐 아니라 동시에 그리스도의 부활도 함께 예고되고 있습니다(32절 참조). 예수께서는 자신이 어떻게 죽고 어떻게 부활할지, 그리고 제자들의 삶이 자신의 죽음과 부활을 통해서 어떻게 달라질지, 그리고 세상은 또 어떻게 달라질지에 대해 분명하게 알고 계셨습니다.

그리스도가 당하신 십자가의 고통과 죽음은 결코 우연의 산물이 아니었습니다. 그것은 단순한 정치적 사건도 아니었고 종교적 사건도 아니었습니다. 그것은 하나님의 계획하심 속에 있었던 필연적인 사건이었습니다. 예수 그리스도가 죽지 아니하면 죄 사함을 받지 못하고 그분이 부활하지 아니하면 새로운 생명을 경험할 수 없는 우리 인생들을 위해서 하나님께서 계획하신 사건이었습니다.

그러나 이 모든 것을 주께서는 이미 알고 계셨으니, 우리와 동일한 인성(人性)을 지니신 그분의 심정이 어떠하셨겠습니까? 또한 예수께서는 제자 중 한 사람이 자신을 팔아 넘길 것도 아셨고 또 그 중 한 사람이 자신을 부인하고 저주할 것도 아셨으며 대부분의 제자들이 자신의 곁을 떠나갈 것도 아셨습니다.

"기록된 바 내가 목자를 치리니 양의 떼가 흩어지리라 하였느니라."

예수께서는 자신이 인간의 죄악을 홀로 담당하기 위해서 십자가를 향해 걸음을 옮기는 동안, 그를 따르던 제자들이 뿔뿔이 흩어져 목자를 버리고 도망갈 것을 미리 보셨습니다.

시험대 위의 베드로

여기서도 예외 없이, 베드로의 반응이 흥미롭습니다.

"베드로가 대답하여 가로되 다 주를 버릴지라도 나는 언제든지 버리지 않겠나이다"(33절).

매우 충성스러워 보이는 고백이었음에도 불구하고 주님은 이것이 연약한 인생의 헛된 큰소리에 불과한 것임을 아셨습니다. 이에 예수께서는 베드로에게 그의 믿음의 현주소를 보게 하시기 위해 앞으로 일어날 사건을 분명하게 예언하십니다.

"내가 진실로 네게 이르노니 오늘 밤 닭 울기 전에 네가 세 번 나를 부인하리라"(34절).

그러나 아직도 말씀의 의미를 깨닫지 못한 베드로는 "그렇습니까, 주님? 제가 그렇게도 연약한 존재입니까? 주님, 저를 도와주십시오"라며 매달리기보다도 "내가 주와 함께 죽을지언정 주를 부인하지 않겠나이다"(35절)라며 성급한 장담까지 하고 맙니다. 그러자 나머지 제자들도 덩달아 베드로의 결의에 동조합니다.

　본문을 누가복음의 기록과 비교해 보면 주께서 그 날 밤 어떤 심정으로 베드로에게 말씀하셨는지 확실히 알 수 있습니다. 누가복음의 기자가 누구입니까? 의사 누가입니다. 4복음서를 비교해 보면 누가복음은 동일한 사건에 대해서도 다른 복음서에 비해 더 정확하고 상세하게 가록하고 있는 것을 알 수 있습니다. 아마도 의사로서의 직업 의식이 사건을 기록하는 데서도 나타나고 있는 듯합니다. 누가복음 22장 31절에서 예수님은 베드로를 향해 이렇게 말씀하십니다.

"시몬아, 시몬아, 보라 사단이 밀 까부르듯 하려고 너희를 청구하였으나."

베드로를 가리켜 다시금 "시몬"이라고 부르신 것도 아주 흥미롭습니다. 베드로가 인간적으로 연약한 면모를 보일 때면 예수님은 그를 베드로라 하지 않고 시몬이라 부르셨습니다.

밀을 키에 담아 까불면 어떤 일이 벌어집니까? 알곡과
쭉정이로 나뉘어집니다. 물론 하나님께서는 시몬 베드로를
향해 다가오고 있는 사단의 공격을 알고 계셨고 또 하나님
이신 우리 주님도 알고 계셨습니다. 알고도 사단의 공격을
허용하신 이유는 궁극적으로는 이 경험이 베드로에게 유익
이 되리라는 것을 아셨기 때문입니다. 이 사건을 잘 극복
하고 일어날 때 시몬 베드로가 견고한 알곡 같은 하나님의
사람이 되어 초대교회의 터전을 닦는 데 큰 몫을 할 것을
아셨기 때문입니다. 그래서 베드로의 부인(否認) 때문에
주님 자신이 아픔을 경험하게 될 줄 알면서도 베드로를 향
한 사단의 공격을 허용하신 것입니다.

"「너희」를 청구하였다"라는 표현에서 알 수 있듯이 사단
의 시험은 베드로뿐 아니라 예수님의 모든 제자들을 대상
으로 행해지고 있었습니다. 그러나 이 공격은 특별히 시몬
베드로에게 집중되고 있었을 것입니다. 대장이 쓰러지면
그 아래 사람들은 다 쓰러지게 되어 있기 때문입니다. 우
리가 영적 지도자를 위해서 기도할 이유가 여기 있습니다.
또한 국가 지도자를 위해서 기도하는 것도 매우 중요합니
다. 대통령 한 사람을 비난하는 것은 쉬운 일이지만, 그가
잘못하면 결국 그 피해는 모든 국민에게 미치기 때문입니
다. 성경은 중보기도를 가르칠 때마다 지도자를 위한 기도
의 중요성도 함께 강조합니다. 교회도 마찬가지입니다. 교
회 지도자가 흔들리고 쓰러지면 교회 전체가 고통을 받을

수밖에 없습니다. 그래서 사단은 언제나 지도자를 향해서 집중적인 공격을 퍼붓습니다.

 미국에는 정식으로 간판까지 내걸고 활동하는 사단교회가 굉장히 많습니다. 사단교회의 정체를 폭로한 기사기 신문이나 잡지에 여러 번 실렸는데, 그들이 하는 중요한 일이 무엇이냐 하면 미국의 정치 지도자들과 영적 지도자들을 향해 저주의 기도를 하는 것입니다. 한 사람 한 사람 이름까지 써 붙여 놓고 이 지도자들의 도덕적 타락을 위해 악마에게 비는 것입니다. 사단의 역사는 형태는 달라도 어느 시대에나 비슷하게 전개되고 있다는 사실에 주목할 필요가 있습니다.

 "시몬아, 시몬아, 보라 사단이 밀 까부르듯 하려고 너희를 청구하였으나 그러나 너희 믿음이 떨어지지 않기를 위하여 기도하였노니 너는 돌이킨 후에 네 형제를 굳게 하라."
베드로가 한때 예수님을 부인하며 저주하기까지 했지만 그래도 회개하고 다시 돌이킬 수 있었던 것은 주님의 기도 때문입니다. 스스로의 신앙 생활에 대해서 불만스러울 때가 많지 않습니까? 그러나 실낱 같은 믿음일망정 믿음을 유지하고 있는 것은 주님의 기도 때문인 줄 믿으시기 바랍니다. 주님께서는 베드로가 다시 돌아와, 자신이 겪은 실패의 경험을 통해서 연약한 형제들을 돌아보고 그들을 굳

세게 하는 데 귀하게 쓰임 받을 것을 아셨습니다.

　이렇게까지 구체적으로 말씀을 하시는데도 시몬 베드로
는 여전히 깨닫는 바가 없습니다.
"주여 내가 주와 함께 옥에도, 죽는 데도 가기를 준비하였
나이다"(눅 22:33).
자기에 관한 한 염려를 놓으시라는 말입니다. **장담은 우리
를 지키는 데 아무런 도움이 되지 않습니다. 장담해 봐야 아
무 소용이 없습니다. 솔직한 자기 성찰과 기도만이 우리를
지킬 수 있는 유일한 방법입니다.** 그러나 베드로에게는 자
기 자신의 모습을 투명하게 성찰할 줄 아는 성숙함이 부족
했습니다. 그렇기 때문에 성숙하기 위해서라도 일시적으로
타락할 필요가 있었던 것입니다.

고통의 기도

다시 마태복음으로 돌아오시기 바랍니다.
　이 일 후에 예수께서는 제자들과 함께 겟세마네 동산으
로 들어가십니다. 『겟세마네』는 "기름을 짠다"는 뜻입니
다. 그 이름 자체에 고통의 의미가 담뿍 담겨 있습니다.
사실 저는 주님의 십자가 고통보다도 이 겟세마네 동산에
서 기도하실 때의 고통이 더 크지 않았을까 생각합니다.
막상 고통이 닥치면 견디면서 그 고통을 당하지만, 고통이
올 것을 미리 내다보고 있는 시점에서는 실제로 고통을 당

하고 있는 것보다 더 괴로울 수 있기 때문입니다. 사형수
가 실제로 형을 집행받을 때보다 사형을 언도받았을 때 더
괴로워하듯이 말입니다. 겟세마네 동산에서 보낸 기도의
밤이 주님께는 더할 나위 없이 고통스러운 밤이었을 것입
니다.

　"내가 저기 가서 기도할 동안에 너희는 여기 앉아 있으
라 하시고 … 고민하고 슬퍼하사 이에 말씀하시되 내 마
음이 심히 고민하여 죽게 되었으니 너희는 여기 머물러 나
와 함께 깨어 있으라 하시고"(36~38절).
고통을 표현하는 예수님의 태도가 아주 솔직하지 않습니
까? 베드로와는 정반대입니다. 베드로는 "문제 없을 테니
염려하지 마십시오"라는 식으로 아주 당당한데 주님께서는
십자가를 생각하니 "내 마음이 고민하여 죽게 되었다"고까
지 하십니다. 솔직하게 얘기하는 사람이 건강한 사람입니
다. 약하면서도 강한 체하는 데 인간의 허위에 찬 위선이
있습니다. 이런 사람들은 주님의 도움을 받을 수가 없습니
다. 스스로에게 진실할 때 거기 치유가 있고 거기 새로워
짐이 있으며 거기 신실한 하나님의 도우심이 있습니다.

　"조금 나아가사 얼굴을 땅에 대시고 엎드려 기도하여 가
라사대 아버지여 만일 할 만하시거든 이 잔을 내게서 지나
가게 하옵소서"(39절).
고난의 잔, 이것은 다음 날 아침이면 마셔야 할 십자가의

잔입니다. 그 잔에 무엇이 들어 있습니까? 인류의 죄(罪)
가 들어 있습니다. 예수께서 십자가에 달리시는 것은, 곧
죄를 짊어지시는 것입니다. 그리고 죄를 짊어진다는 것은,
곧 죄인처럼 되는 것을 의미합니다. 이것이 얼마나 큰 고
통입니까? 죄를 알지도 못하시는 분이 죄인처럼 되어 아버
지 하나님께로부터 저주와 심판을 받게 되니, 예수께는 십
자가에 매달리는 육체적 고통보다도 이 사실이 훨씬 더 큰
고통이었을 것입니다.

 "이 잔을 내게서 지나가게 하옵소서"라고 기도하신 것은
죽는 게 두려워서가 아니라 순간이나마 죄인의 자리에 서
야 하는 치욕스러움에서 벗어나고 싶으셨기 때문일 것입니
다. 그러나 그분이 죄의 삯을 지불해 주지 않으시면 인류
에게는 죄 문제를 해결할 방법이 없습니다. 예수께서 "이
잔을 내게서 지나가게 하옵소서"라고 기도하는 순간, 그분
의 눈앞에는 만약 자신이 십자가를 지지 않으면 죄 가운데
죽어갈 수밖에 없는 인류의 모습이 아른거리고 있었을 것
입니다. 그 사람들 속에 우리도 포함되어 있습니다. 그래
서 주님은 마침내 이렇게 기도하십니다.
"그러나 나의 원대로 마옵시고 아버지의 원대로 하옵소
서."
다시 누가복음의 표현을 빌자면, 예수님의 기도가 어찌나
간절하셨던지 "땀이 땅에 떨어지는 피방울같이" 될 정도였
다고 합니다(눅 22:44).

실패의 원인을 찾아라

그런데 이렇게 주님이 애써 기도하시는 동안 그분의 충성
스럽고 용감한 제자, 옥에도 죽는 데도 함께 갈 준비가 되
었다고 큰소리 치던 제자 베드로는 어디에서 무엇을 하고
있었습니까?

"제자들에게 오사 그 자는 것을 보시고 베드로에게 말씀하
시되 너희가 나와 함께 한 시 동안도 이렇게 깨어 있을 수
없더냐"(40절).

특별히 주님이 대표로 베드로를 깨우셨습니다. 여기서 말
하는 "한 시"란 1시간을 의미하는 것이 아니라 짧은 시간
을 의미합니다. 주님이 이런 고통스러운 기도의 밤을 지나
고 있는 때에, 제자들은 깊은 잠과 나태와 안일에 빠져 있
었던 것입니다.

그렇다면 방금 전까지만 해도 호언장담하던 베드로가 이
렇게 무참히 실패할 수밖에 없었던 원인이 어디에 있습니
까? 우리는 그것을 알아야 합니다. 왜냐하면 시몬 베드로
의 실패가 곧 우리의 실패가 될 수도 있기 때문입니다.

첫째로, 자신의 연약함을 몰랐기 때문에 실패했습니다.

자신의 약함을 아는 사람은 더 이상 약한 사람이 아닙니
다. 자기 약점을 알아서 그것을 잘 조절하는 사람은 오히
려 강한 사람입니다. 자기가 자주 넘어지는 문제가 무엇인

지 알고 아예 그 근처에는 가지 않는 것이 자기를 지키는
길입니다. 하지만 베드로는 자기의 약점도 파악하지 못한
채 큰소리나 치고 책임 지지 못할 말이나 하고 있습니다.
바울 사도는 "내가 그리스도를 위하여 약한 것들과 능욕과
궁핍과 핍박과 곤란을 기뻐하노니 이는 내가 약할 그때에
곧 강함이니라"(고후 12:10)는 역설적인 말을 남겼습니다.
그것이 진리입니다. **약할 때, 그 약함 때문에 주께로 와서
주님을 의지할 수 있는 사람은 강한 사람입니다. 자기의 연
약함을 절실하게 깨닫고 주 앞에 엎드리는 자리, 그 자리가
가장 강력한 자리가 될 수 있습니다.**

둘째로, 사람을 지나치게 의식했기 때문에 실패했습니다.

"베드로가 대답하여 가로되 「다 주를 버릴지라도」 나는 언
제든지 버리지 않겠나이다"(33절).
왜 이런 소리가 나오게 되었을까요? 자신을 끊임없이 주변
사람들과 비교하면서 자기 우월성을 드러내고 싶어하는 베
드로의 악한 동기 때문입니다. 이 순간 베드로는 다른 제
자들을 상대로 경쟁하고 있었던 것입니다. 주님께서 베드
로를 수제자처럼 삼아 주셨음에도 불구하고 그는 조금이라
도 더 높은 자리, 조금이라도 더 인정받는 자리에 서고
싶어하는 좋지 못한 마음을 버리지 못하고 있었습니다. 예
수께서는 베드로의 이런 모습을 기억하셨다가 부활 후에
"요한의 아들 시몬아 네가 이 사람들보다 나를 더 사랑하

느냐"고 물어 보십니다. 우리의 진실되지 않은 호언장담까지 다 듣고 기억하시는 주님이신 것을 잊지 마시기 바랍니다.

이웃을 의식하는 것, 이것이 신앙생활에 도움이 될 수 없습니다. 하나님을 바라보십시오. 주님 앞에서 정직하게 자신의 모습을 살펴볼 수 있기를 바랍니다. 다른 사람이 어떻게 신앙생활하느냐, 다른 사람이 어떻게 사느냐 하는 것이 문제가 아닙니다. 하나님 앞에서 내게 주어진 내 인생 길을 걷는 것이 중요합니다. 다른 사람과의 비교 의식에 사로잡혀 있는 사람들의 신앙은 순수할 수 없고 성장할 수 없습니다. 신앙의 시선이 삶의 주인 되신 주님 한 분께 투명하게 고정되도록 기도하십시오.

셋째로, **기도하지 않았기 때문에 실패했습니다.**

"시험에 들지 않게 깨어 있어 기도하라 마음에는 원이로되 육신이 약하도다"(41절).
이 말씀은 시몬 베드로에게 주신 것입니다. 베드로가 큰소리는 쳤지만 그것이 모두 거짓말은 아니었을 것입니다. 그 마음에는 주님을 위해서 살고 싶은 열정이 분명히 있었을 것입니다. 주님은 그 마음을 귀하게 보셨습니다. 그러나 그렇게 할 능력이 네게 없으니 기도하라고 하시는 것입니다. 다시 한번 말씀드립니다마는 큰소리는 우리를 지키는 데 전혀 무익합니다. 기도와 정직한 자기 성찰만이 우리를 지킬 수 있습니다. 기도만이 우리로 깨어 있게 하며 우리로 승리하게 합니다.

부디 베드로의 실패에서 교훈을 얻으시기 바랍니다. 그리하여 남은 나날 동안 주 안에서 실패함 없이 살기를, 아니 작은 실패가 있더라도 그 실패를 딛고 일어나 주 앞에 더 충성스럽고 더 정직하고 더 신실한 성도가 될 수 있기를 바랍니다.

11
닭 울음 소리에 통곡하다

마태복음 26장 51~75절

"예수와 함께 있던 자 중에 하나가 손을 펴 검을 빼어 대제사
장의 종을 쳐 그 귀를 떨어뜨리니 이에 예수께서 이르시되 네
검을 도로 집에 꽂으라 검을 가지는 자는 다 검으로 망하느니
라 … 그때에 예수께서 무리에게 말씀하시되 너희가 강도를 잡
는 것같이 검과 몽치를 가지고 나를 잡으러 나왔느냐 내가 날
마다 성전에 앉아 가르쳤으되 너희가 나를 잡지 아니하였도다
그러나 이렇게 된 것은 다 선지자들의 글을 이루려 함이니라
하시더라 이에 제자들이 다 예수를 버리고 도망하니라 예수를
잡은 자들이 끌고 대제사장 가야바에게로 가니 거기 서기관과
장로들이 모여 있더라 베드로가 멀찍이 예수를 좇아 대제사장
의 집 뜰에까지 가서 그 결국을 보려고 안에 들어가 하속들과
함께 앉았더라 … 베드로가 바깥 뜰에 앉았더니 한 비자가 나
아와 가로되 너도 갈릴리 사람 예수와 함께 있었도다 하거늘
베드로가 모든 사람 앞에서 부인하여 가로되 나는 네 말하는
것이 무엇인지 알지 못하겠노라 하며 앞문까지 나아가니 다른
비자가 저를 보고 거기 있는 사람들에게 말하되 이 사람은 나
사렛 예수와 함께 있었도다 하매 베드로가 맹세하고 또 부인하
여 가로되 내가 그 사람을 알지 못하노라 하더라 조금 후에 곁
에 섰던 사람들이 나아와 베드로에게 이르되 너도 진실로 그
당이라 네 말소리가 너를 표명한다 하거늘 저가 저주하며 맹세
하여 가로되 내가 그 사람을 알지 못하노라 하니 닭이 곧 울더
라 이에 베드로가 예수의 말씀에 닭 울기 전에 네가 세 번 나
를 부인하리라 하심이 생각나서 밖에 나가서 심히 통곡하니라."

본문은 약 2천 년 전, 성(聖) 금요일의 새벽이 밝기 전에 일어난 사건에 대해 말씀하고 있습니다. 드디어 금요일 새벽 미명이 되면서 예수님을 체포하려는 무리가 겟세마네 동산으로 올라왔습니다. 기도를 통해 주님은 이미 확신을 얻은 상태였고 십자가를 지실 준비가 되어 있었습니다. 예수님의 승리는 이미 확정되었습니다. 그래서 자신을 잡으러 온 무리를 담담하게 맞이합니다. 인류 역사에 길이 남을 두 개의 위대한 동산이 있다면 그 하나가 에덴 동산이고 또다른 하나가 겟세마네 동산입니다. 에덴 동산에서 사람들은 하나님께 반역했고 불순종의 죄를 저질렀습니다. 그러나 둘째 아담으로 오신 주님은 우리의 허물과 죄를 대신 지시기 위해 겟세마네 동산에서 기도의 밤을 보내셨습니다.

예수를 잡으려고 한 무리의 사람들이 다가왔습니다. 가룟 유다가 미리 짜 둔 신호를 보내자 드디어 그들이 예수님을 체포합니다. 그런데 그때 예상치 않은 일이 벌어집니다. 예수와 함께 있던 자 중 한 사람이 검을 빼어 대제사장의 종을 쳐서 귀를 잘라 낸 것입니다. 이 "예수와 함께 있던 자 중 한 사람"이 누구였겠습니까? 베드로였습니다. 요한복음 18장 10절이 그것을 증명하고 있습니다.
"이에 시몬 베드로가 검을 가졌는데 이것을 빼어 대제사장의 종을 쳐서 오른편 귀를 베어 버리니 그 종의 이름은 말고라."

베드로는 의협심으로 이런 행동을 했을지 모르지만 그러나 그것은 여전히 주님의 마음에 합한 행동은 아니었으며, 하나님의 뜻에 따른 행동도 아니었습니다. 베드로의 이 행동을 어떻게 설명할 수 있을까요? 두 가지로 해석할 수 있을 것입니다.

첫째로, **충동에 근거한 행동이었습니다.**

복음서의 여러 사건들이 증명하는 바와 같이 베드로의 행동은 충동적으로 이루어지는 경우가 많았습니다. 예수님이 체포되시는 순간까지 이런 모습을 보인다는 것은 베드로의 충동적인 기질이 여전히 다듬어지지 않은 채 남아 있다는 사실을 입증합니다. 주 앞에 엎드려 뜻을 묻기보다 일단 마음에 닿는 대로 먼저 저질러 놓고 나중에 수습하는 모습에서 우리는 너무나도 인간적인 베드로의 모습을 다시금 볼 수 있습니다.

둘째로, **만용에 근거한 행동이었습니다.**

아마도 베드로가 이런 행동을 하게 된 데에는 주변 동료들에 대한 의식이 크게 작용했을 것입니다. "다 주를 버릴지라도 나는 언제든지 버리지 않겠나이다", "주여 내가 주와 함께 옥에도, 죽는 데도 가기를 준비하였나이다"라고 고백한 지가 언젠데 창피하게 그새 발뺌을 하겠습니까? 베드로는 자기가 한 말에 책임을 느꼈을 것입니다. 그래서 제일 먼저 나서서 주님을 옹위하는 듯한 행동을 취했습니다. 그러나 그 행동에는 여전히 허영과 만용의 냄새가 묻어 있습니다.

무엇보다 우리는 이것이 비윤리적인 행동이었다는 데 주목해야 합니다. 기독교 신앙이 인간 윤리에 가장 위대하게 기여한 바는 "목적이 수단을 정당화하지 못한다"는 진리를 제공했다는 점입니다. 좋은 목적을 세웠으면 수단도 정당하도록 애를 써야 합니다. 목적을 위해서 수단과 방법을 가리지 않는 것은 비성경적입니다. 아무리 의협심에 근거한 행동이었다 하더라도 칼을 들어서 사람의 귀를 내리친 베드로의 행동은 정당화될 수 없습니다. 좋은 목표는 언제나 좋은 수단과 좋은 방법을 필요로 하는 법입니다.

바로 이 사건을 계기로 주님은 "검을 가지는 자는 다 검으로 망한다"는 불멸의 진리를 남기십니다. 이것이 인류 역사에 남겨진 가장 위대한 비폭력의 진리입니다.

마태복음에는 나오지 않지만 누가복음에 보면 예수께서 종의 귀를 만져 낫게 하시는 장면이 기록되어 있습니다(눅 22:51 참조). 여기서 우리는 자기를 박해하는 원수들을 끝까지 사랑하고 포용하시는 주님의 넓은 가슴과 사랑을 확인하게 됩니다. 주님께서 이렇게까지 하셨던 것은 십자가를 지는 것이 하나님의 뜻이었고, 그 하나님의 뜻을 주님이 온전히 의식하고 계셨기 때문입니다. 만약 우리 생애에 주어지는 어떤 고통이 하나님의 뜻을 이루기 위해 허용되는 것이라면 우리는 고통조차 받아들일 줄 알아야 합니다. 하나님의 뜻을 수용하는 곳에 하나님의 영광이 나타나게 되어 있습니다. 그러나 베드로는 이 진리를 배우기에는 충분히 성숙하지 못했습니다. 그에게는 아직도 배워야 할 교훈이 남아 있었던 것입니다.

조금씩 무너져 간 수제자

그 후에 베드로의 행동을 계속 지켜 보면 57절 이하에서 흥미로운 모습을 보게 됩니다. 무리에게 체포된 예수님은 동도 트지 않은 신새벽에 심문을 받기 위해 대제사장 가야바의 관정으로 끌려가십니다. 그런데 그때 베드로가 어떻게 하고 있었습니까? 58절입니다.

"베드로가 멀찍이 예수를 좇아 대제사장의 집 뜰에까지 가서 그 결국을 보려고 안에 들어가 하속들과 함께 앉았더라."

베드로가 예수님을 어떻게 따라갔다고 했습니까? "멀찍이" 좇았다고 했습니다. 베드로의 행동이 비겁해 보입니까? 그러나 우리 생애에도 예수님을 이렇게 멀찍이 좇아가는 순간들이 얼마든지 있을 수 있으므로 베드로를 너무 나무랄 필요는 없습니다.

이 시점에서 다른 제자들이 어디 있었는지는 기록되어 있지 않으니 알 수 없습니다. 예수께로부터 떨어져서 걷던 베드로는 나중에는 관정의 뜰안으로 들어가서 하속들과 함께 앉습니다. 예수님의 제자들이 아닌 다른 사람들과 함께 앉기 시작한 것입니다. 주님을 부인하고 저주하는 다락의 싹이 이때부터 트기 시작했다고 할 수 있습니다. 주님을 멀리하고 또 성도들과의 교제를 멀리할 때는 반드시 세상 사람들과 가까이 하게 되어 있습니다. 우리는 복음을 전하기 위해서 세상 속으로 용감하게 침투해 들어가야 합니다. 그러나 전도와 선교의 목적이 아니라 단순히 친교를 위해서, 하나님을 알지 못하는 사람들과 더 많은 시간을 보낼 때 우리는 그들의 생활 방식이나 삶의 철학에 영향 받을 수밖에 없습니다.

주님의 제자들과 함께 있어야 할 베드로가 하속들과 함께 앉아 있는 모습을 보십시오. 여기서부터 베드로의 비극은 시작됩니다. 주님이 예언하신 그대로 베드로는 닭 울기 전에 세 번 주님을 부인합니다. 부인할 뿐만 아니라 나중에는 저주를 하기까지 합니다. 자기 입으로 "그리스도시요 살아 계신 하나님의 아들"이라고 고백했던 주님을 저주하기까지 합니다.
"저가 저주하며 맹세하여 가로되 내가 그 사람을 알지 못하노라 하니 닭이 곧 울더라"(74절).

복음서에 나타난 예수님과 제자 베드로의 생애를 전체적인 시각으로 조명하지 않은 채 본문의 사건만을 따로 떼어서 볼 때는 베드로의 부인(否認)이 한 순간에 일어난 돌출적인 사건처럼 잘못 보여질 수 있습니다. 그러나 베드로가 주님을 부인한 것은 어찌 보면 자연스러운 결론입니다. 그는 전부터 서서히 허물어져 가고 있었습니다. 베드로가 주님을 이렇게 부인하고 저주하는 데까지 이르게 된 데에는 몇 가지 원인이 있습니다.

첫째로, **주님의 말씀에 충분히 귀기울이지 않았습니다.**

예수님이나 제자들 앞에 닥칠 고난은 주님을 통해 이미 여러 차례 경고된 것들이었습니다. 그럼에도 불구하고 그는 예수님의 말씀에 귀를 기울이지 않았습니다. 오늘날도 타락하는 신자들, 세속에 영합하여 주저앉아 버리는 교인들의 모습을 보십시오. 그들은 말씀을 가까이 하지 않으며 말씀에 귀를 기울이지도 않습니다. 말씀이 삶에 생명과 능력과 소망으로 작용하고 있지 않은 사람들은 결국 타락의 자리에 주저앉을 수밖에 없습니다.

둘째로, **기도하는 무릎이 없었습니다.**

주님이 얼마나 기도를 촉구하셨습니까? 겟세마네에서 시험에 들지 않게 깨어 기도하라고 하셨건만 그 이후에도 기도

하는 베드로의 모습은 보이지 않습니다. 예수께서 그토록 기도를 호소하고 기도를 강조하고 기도를 권하셨음에도 불구하고 그 후에 베드로가 엎드려 진지하게 자기 문제를 붙들고 주님의 경고를 붙들고 안타깝게 기도했다는 흔적은 복음서 어디에도 없습니다. 그의 타락은 당연한 결과입니다. 기도를 망각하고 살아가는 사람들에게 타락은 차라리 자연스러운 결론입니다.

셋째로, 시선을 주님께 두기보다 사람들에게 두고 있었습니다.

그의 시선은 사람들에게 더 많이 향해 있었습니다. '동료 제자들이 나를 어떻게 생각할까, 다른 사람들이 나를 어떻게 생각할까?' 하는 것이 자주 그의 행동을 좌우하고 있었습니다. 그렇기에 그의 타락은 자연스러운 열매라고 할 수 있습니다. 우리의 시선은 어디에 있습니까? 우리는 누구를 바라보고 있습니까? 이것은 매우 중요한 문제입니다.

넷째로, 마침내 불신자들 속에 주저앉아 버렸습니다.

이것이 결과적으로는 베드로로 하여금 주님을 부인하고 저주하게 만드는 주요 원인이 되었습니다.

베드로가 예수님을 부인하고 저주할 수밖에 없었던 원인

을 그의 삶에 품고 살았다면, 오늘날 우리들의 삶에서는
이런 원인들을 찾아볼 수 없을까요? 당신은 말씀을 얼마나
가까이하십니까? 당신의 삶 속에 기도가 얼마나 살아 움직
이고 있습니까? 당신은 시선을 얼마나 주님께 두고 사십니
까? 당신은 신앙에 도전을 주고 신앙에 경각심을 불러일으
킬 수 있는 아름다운 믿음을 가진 성도들과 교제하기를 즐
겨하십니까, 아니면 당신을 부패와 허영과 사치로 인도할
소지가 다분한 이웃들과 사귀기를 더 즐겨하십니까? 베드
로의 실패가 나의 실패가 되지 않도록 돌이키는 성도가 되
시기를 바랍니다.

돌아온 수제자

그러나 감사하게도 베드로의 이야기는 비극으로 끝나지 않
습니다. 그는 한때 주님을 부인하고 저주했지만 결국에는
다시 믿음의 자리로 돌아옵니다. 그것은 아마도 주님의 끊
임없는 기도와 사랑 때문이었을 것입니다. "내가 너를 위
하여 네 믿음이 떨어지지 않기를 기도하였노니 너는 돌이
킨 후에 네 형제를 굳게 하라"(마 22:32)고 하신 대로 제
자 베드로는 다시 주께로 돌아옵니다. 본문 마지막 절이
베드로의 회개에 대해 증언해 주고 있습니다.
"이에 베드로가 예수의 말씀에 닭 울기 전에 네가 세 번
나를 부인하리라 하심이 생각나서 밖에 나가서 심히 통곡
하니라"(75절).

베드로가 돌아올 수 있었던 이유는 무엇 때문이었습니까?

첫째로, 주님의 은혜와 긍휼 때문이었습니다.

자기 힘으로 돌아온 것이 아닙니다. 베드로가 실패할 것을
이미 아셨지만 그 실패까지도 베드로의 생애에 궁극적인
유익을 가져다 줄 것이라 믿고 실패를 허용하셨던 주님의
은혜로 말미암아 베드로는 다시 돌아온 것입니다. 그의 회
개는 전적인 하나님의 은혜였습니다.

둘째로, 주님의 말씀 때문이었습니다.

마지막 구절에 보면 베드로가 무엇을 떠올렸다고 되어 있
습니까? 예수님의 말씀이었습니다. 닭 울기 전에 세 번 주
님을 부인하리라던 그 말씀이 생각났습니다. 평소에 말씀
을 가까이할 때 받게 되는 축복 중 하나가 무엇이냐 하면,
결정적인 위기의 순간에 그 말씀들이 생각날 수 있다는 것
입니다. 그래서 그 순간 그 말씀으로 인하여 내 삶을 바로
잡고 내 걸음을 견고하게 하는 계기가 만들어질 수 있습니
다. 말씀을 가까이하고 말씀을 가슴에 품으시기 바랍니다.
그러면 절대로 손해가 없을 것입니다.

셋째로, 성령께서 그의 양심 속에 역사하셨기 때문입니다.

성령님의 역사입니다. 하나님께서는 베드로를 회개케 하는 데 무엇을 사용하셨습니까? 닭 우는 소리입니다. 닭이 울자 갑자기 양심에 찔림을 받습니다. 이것은 성령의 역사(役事)입니다. 성령이 역사하시면 순간적으로 양심에 괴로움이 찾아옵니다. 하나님께서는 양심의 각성을 위해 여러 방법을 사용하십니다. 베드로처럼 자연을 통해서 역사하실 수도 있습니다. 저녁 놀을 보고 회개가 터질 수도 있고, 이웃 사람이 주는 충고를 통해 문득 내 삶의 모습을 돌아볼 수도 있습니다. 그러나 어떻든 성도들의 진실한 회개의 깊은 밑바닥 속에서는 성령께서 일하시는 줄로 믿습니다.

넷째로, 주님의 시선 때문이었습니다.

누가복음 22장에 보면 이 복음서에만 독특하게 기록되어 있는 표현이 있습니다.
"주께서 돌이켜 베드로를 보시니 베드로가 주의 말씀 곧 오늘 닭 울기 전에 네가 세 번 나를 부인하리라 하심이 생각나서 밖에 나가서 심히 통곡하니라"(61,62절).
"주께서 돌이켜 베드로를 보시니"라는 기사는 의사 누가만 기록하고 있는 것입니다. 예리한 관찰입니다. 그러니까 무엇입니까? 체포당해서 사람들에게 조롱당하고 계시던 예수님을 베드로가 멀리서 지켜 보고 있었던 것입니다. 그리고 어느 순간 주님의 시선과 베드로의 시선이 부딪쳤습니다. 그 시선이 어떤 시선이었을까요? 배신에 대한 증오의 시선이었을까요? 아닙니다. 한없는 긍휼의 시선이었을 것입니다. 베드로의 연약함을 미리 아시고 그의 넘어짐을 불쌍히 여기면서 베드로를 바라보시던 주님의 시선을 대하자 베드로는 더 이상 견딜 수 없었습니다. 그래서 밖에 나가서 통곡하며 울기 시작합니다.

이것이 베드로의 회개의 시작입니다. 아직 회복은 되지 않았습니다. 그러나 회개는 이미 시작되었습니다. 베드로는 통곡하고 울기 시작했습니다. 야사(野史)에 따르면 이 날 베드로는 온종일 울며 주님을 좇아 다녔다고 합니다. 황송하고 죄송하고 용기가 없어서 가까이는 못 가고 십자가에 못박혀 매달려 계신 주님을 멀리서 바라보았을 것입니다. 예수님은 이 날 아침 9시에서 오후 3시까지 십자가에 매달려 계시게 됩니다. 새벽에 터진 베드로의 눈물은 십자가에 못박히신 예수님을 향해 종일토록 흘려 내렸을 것입니다.

부활의 아침, 여인들이 예수 부활의 소식을 전했을 때 이 소식을 듣고 제일 먼저 무덤을 찾아간 사람은 베드로였습니다. 성경은 베드로가 무덤을 향해서 "달려갔다고" 기록하고 있습니다. 그는 회개를 통해서 이미 회복의 길에 들어섰습니다. 눈물로 주님 앞에 돌아오기 시작합니다. 그 눈물은 그 마음속 상처와 죄 의식과 절망과 저주를 씻는 눈물이었습니다. 그 눈물은 그로 하여금 주께로 돌아오게 한 거룩한 눈물이었습니다. 아름다운 눈물이었습니다. 회개의 눈물이었습니다. 금요일 새벽 베드로의 눈에 뿌려진 눈물. 그 눈물이 우리의 눈물이 되어야 합니다.

예수 그리스도께서 지신 십자가. 누구를 위한 십자가였을까요? 나를 위한 십자가였습니다. 그 십자가에서의 수치. 누구를 위한 수치였을까요? 나를 위한 수치였습니다. 육신의 연약함 때문에 주님을 부인하고 저주까지 했던 베드로. 그럼에도 불구하고 그를 향한 사랑을 포기하지 않으셨던 우리 주님. 그분의 사랑과 연민과 자비의 눈동자를 대하는 순간 더 이상 버틸 수 없었던 베드로. 무너져 회개하며 울면서 주 앞에 돌아온 베드로. 그 날부터 베드로의 인생은 새로워집니다. 베드로의 진정한 성숙은 이때부터 이루어집니다. 자신의 연약함을 인하여 눈물이 흘리지 않는 사람은 신앙의 성장이 있을 수 없습니다. 회개의 체험을 통해 한평생 주님을 온전히 좇는 성도가 되시기를 바랍니다.

12
다시 일어서다

요한복음 21장 1~25절

"그 후에 예수께서 디베랴 바다에서 또 제자들에게 자기를 나
타내셨으니 나타내신 일이 이러하니라 시몬 베드로와 디두모라
하는 도마와 갈릴리 가나 사람 나다나엘과 세베대의 아들들과
또 다른 제자 둘이 함께 있더니 시몬 베드로가 나는 물고기 잡
으러 가노라 하매 저희가 우리도 함께 가겠다 하고 나가서 배
에 올랐으나 이 밤에 아무것도 잡지 못하였더니 날이 새어갈
때에 예수께서 바닷가에 서셨으나 제자들이 예수신 줄 알지 못
하는지라 예수께서 이르시되 얘들아 너희에게 고기가 있느냐
대답하되 없나이다 가라사대 그물을 배 오른 편에 던지라 그리
하면 얻으리라 하신대 이에 던졌더니 고기가 많아 그물을 들
수 없더라 예수의 사랑하시는 그 제자가 베드로에게 이르되 주
시라 하니 시몬 베드로가 벗고 있다가 주라 하는 말을 듣고 겉
옷을 두른 후에 바다로 뛰어 내리더라 다른 제자들은 육지에서
상거가 불과 한 오십 간쯤 되므로 작은 배를 타고 고기든 그물
을 끌고 와서 육지에 올라보니 숯불이 있는데 그 위에 생선이
놓였고 떡도 있더라 예수께서 가라사대 지금 잡은 생선을 좀
가져오라 하신대 시몬 베드로가 올라가서 그물을 육지에 끌어
올리니 가득히 찬 큰 고기가 일백 쉰 세 마리라 이같이 많으나
그물이 찢어지지 아니하였더라 예수께서 가라사대 와서 조반을
먹으라 하시니 제자들이 주신 줄 아는 고로 당신이 누구냐 감
히 묻는 자가 없더라 예수께서 가서서 떡을 가져다가 저희에게
주시고 생선도 그와 같이 하시니라 이것은 예수께서 죽은 자
가운데서 살아나신 후에 세 번째로 제자들에게 나타나신 것이
라 저희가 조반 먹은 후에 예수께서 시몬 베드로에게 이르시되
요한의 아들 시몬아 네가 이 사람들보다 나를 더 사랑하느냐
하시니 가로되 주여 그러하외다 내가 주를 사랑하는 줄 주께서

아시나이다 가라사대 내 어린 양을 먹이라 하시고 또 두번째
가라사대 요한의 아들 시몬아 네가 나를 사랑하느냐 하시니 가
로되 주여 그러하외다 내가 주를 사랑하는 줄 주께서 아시나이
다 가라사대 내 양을 치라 하시고 세번째 가라사대 요한의 아
들 시몬아 네가 나를 사랑하느냐 하시니 주께서 세번째 네가
나를 사랑하느냐 하시므로 베드로가 근심하여 가로되 주여 모
든 것을 아시오매 내가 주를 사랑하는 줄을 주께서 아시나이다
예수께서 가라사대 내 양을 먹이라 내가 진실로 진실로 네게
이르노니 젊어서는 네가 스스로 띠 띠고 원하는 곳으로 다녔거
니와 늙어서는 네 팔을 벌리리니 남이 네게 띠 띠우고 원치 아
니하는 곳으로 데려가리라 이 말씀을 하심은 베드로가 어떠한
죽음으로 하나님께 영광을 돌릴 것을 가리키심이러라 이 말씀
을 하시고 베드로에게 이르시되 나를 따르라 하시니 베드로가
돌이켜 예수의 사랑하시는 그 제자가 따르는 것을 보니 그는
만찬석에서 예수의 품에 의지하여 주여 주를 파는 자가 누구오
니이까 묻던 자러라 이에 베드로가 그를 보고 예수께 여짜오되
주여 이 사람은 어떻게 되겠삽나이까 예수께서 가라사대 내가
올 때까지 그를 머물게 하고자 할지라도 네게 무슨 상관이냐
너는 나를 따르라 하시더라 이 말씀이 형제들에게 나가서 그
제자는 죽지 아니하겠다 하였으나 예수의 말씀은 그가 죽지 않
겠다 하신 것이 아니라 내가 올 때까지 그를 머물게 하고자 할
지라도 네게 무슨 상관이냐 하신 것이러라 이 일을 증거하고
이 일을 기록한 제자가 이 사람이라 우리는 그의 증거가 참인
줄 아노라 예수의 행하신 일이 이 외에도 많으니 만일 낱낱이
기록된다면 이 세상이라도 이 기록된 책을 두기에 부족할 줄
아노라."

우 리는 그 동안 예수님의 으뜸 가는 제자인 베드로의 행적을 추적해 왔습니다. 베드로가 예수님을 처음 만나던 그 날부터 예수님의 제자로 훈련되는 과정까지 함께 짚어 보았습니다. 이제 그의 생애에서 가장 중요한 전환기라고 할 수 있는 사건이 오늘 본문에 기록되어 있습니다. 그것은 다름 아닌, 부활하신 주님께서 베드로에게 나타나서 그의 삶을 재기시켜 주시는 사건입니다

시몬 베드로의 실패의 모습은 우리와 상관없는 모습이 아닙니다. 그의 실패가 바로 우리의 실패일 수 있습니다. 그러나 감사한 것은 주께서 그를 실패의 장(場)에 그대로 놓아 두지 않으셨다는 것입니다. 베드로를 만나 주시고 구원하시고 제자 삼아 주신 것이 전적인 주님의 은혜였듯, 그를 다시 일으켜 세우심도 주님의 은혜였습니다. 이 주님의 은혜가 우리와 함께하는 한 우리는 실패하는 인생으로 끝나지 않을 것입니다. 그렇다면 주님의 은혜가 이 사람 베드로를 어떻게 재기시켜 주고 있는지. 즉 베드로가 실패를 딛고 다시 일어날 수 있었던 요인들이 무엇이었는지 보도록 하겠습니다.

첫째로, **주님께서 베드로를 그가 실패했던 자리에 다시 한 번 세워 주셨습니다.**

실패를 딛고 일어서려면 실패의 사건 앞에 다시 설 필요가

있습니다. 도망간다고 해결되지 않습니다. 물론 베드로는 닭이 울고 나서, 십자가로 가시기 직전의 주님의 눈동자와 마주치면서 뼈아픈 회개의 눈물을 흘렸습니다. 그러나 회개는 했지만 아직 그의 삶이 온전히 회복된 것은 아니었습니다.

부활하신 후에 예수께서 먼저 하신 일 가운데 하나가 제자들을 찾아오시는 일이었습니다. 본문 3절은 이렇게 말씀합니다.

"시몬 베드로가 나는 물고기 잡으러 가노라 하매."

베드로의 마음이 과거 고기 잡던 시절을 향해 다시 역류하고 있는 것이 보이십니까? 베드로가 소명받던 그 날을 기억하십니까? 예수께서는 고기 잡던 어부 베드로에게, "나를 따라오라. 내가 너로 사람을 낚는 어부가 되게 하겠다. 물고기도 중요하지만 너는 사람을 낚아야 한다. 그래서 많은 사람을 하나님께로 데리고 와야 한다"며 소명을 부여하셨습니다. 베드로는 메시야 되신 주님의 이 놀라운 부르심 앞에서 그물을 버려 두고 예수님을 좇음으로써 제자의 삶을 시작했습니다.

그런 베드로가 이제 "물고기나 잡으러 가겠다"며 과거로 회귀하고 있는 것입니다. 그런데 재미있는 것은 베드로가 고기 잡으러 가겠다고 하니 함께 있던 제자들도 동조하며 함께 배에 올라탔다는 것입니다. 베드로는 타락했지만 여

전히 대장은 대장이었습니다. 그의 말은 아직도 설득력을
지니고 있었습니다. 그러나 그 밤에 그들은 아무것도 잡지
못했습니다. 그 옛날 베드로가 처음 소명받았을 때 그랬던
것처럼 말입니다.

실패는 실패의 장에 용기 있게 다시 설 때. 다시 서서 겨
룰 때 극복됩니다. 도망가는 사람에게는 매번 똑같은 실패
가 반복됩니다. 저는 과거에 미국에서 살면서. 자기 실패
를 정당하게 처리하지 않고 한국에서 미국으로 도망치듯
날아온 사람들을 몇 사람 만날 수 있었습니다. 그런데 문
제는 미국에 와서도 일이 잘 안 되는 경우가 많더라는 것
입니다. 해결할 것을 해결하지 않기 때문에 똑같은 실패가
반복되는 것입니다. 주님은 이 베드로로 하여금 도피가 해
답이 아니라는 것을 가르쳐 주시기 위해서 제일 먼저 그를
실패의 장에 직면시키십니다.

아무것도 잡지 못하고 있는 제자들에게 부활하신 예수께
서 다가오십니다. 제자들은 예수님을 알아보지 못하고 그
저 "그물을 배 오른편에 던지라"는 낯선 사람의 충고에 무
심코 그렇게 해봅니다. 그랬더니 정말 그물을 끌어올리기
힘들 정도로 고기가 많이 잡힙니다. 이때 부활하신 주님을
제일 먼저 알아본 것은 "예수의 사랑하시는 제자" 요한이
었습니다. 사랑하는 사람이 사랑하는 사람을 제일 먼저 알
아보게 마련입니다.

먼저 알아차린 것은 요한이었지만 행동은 여전히 누가 먼저 합니까? 베드로가 먼저 합니다. 그는 요한이 전하는 말을 듣고 벗고 있던 겉옷을 얼른 입은 후에 바다로 뛰어내립니다. 그리고는 얼른 육지로 와 보니 숯불이 놓여 있었습니다. 그 숯불을 보는 순간 베드로가 무엇을 느꼈을까요? 대제사장 가야바의 뜰에서 주님을 부인한 후에 베드로에게 병이 하나 생겼는데 그 병 이름이 바로 "숯불 알레르기"입니다. 그가 주님을 부인한 곳이 다름 아닌 숯불가였기 때문입니다(막 14:54 참조). 해변에 놓인 숯불을 보는 순간 아마도 그 밤의 악몽이 스치듯 되살아났을 것입니다.

생선을 구워 제자들과 함께 아침 식사를 하신 후에 예수께서 마침내 시몬 베드로에게 물으십니다.
"요한의 아들 시몬아 네가 이 사람들보다 나를 더 사랑하느냐"(15절).
아직도 예수님은 베드로라는 이름을 부르지 않고 시몬이라고 부르고 계십니다.
예수께서 왜 이 질문을 하셨을까요? "다 주를 버릴지라도 나는 언제든지 버리지 않겠습니다"라고 호언장담해 놓고 실패했던 베드로에게 다시 기회를 주시기 위해서였을 것입니다. 예수께서 같은 질문을 세 번까지 반복하시자, 그 전까지 "주를 사랑한다"고 대답했던 베드로가 근심하기 시작합니다. 주님을 세 번씩 부인한 베드로에게 "세 번씩 반복되는 질문"은 전혀 낯설지 않은 것이었습니다. **결국,**

주님은 자신을 세 번씩 부인했던 제자에게 찾아오셔서 세 번씩 사랑을 확인하셨습니다. 예수님은 결국 베드로를 실패의 처소에 다시 세우심으로써 그에게 회복의 기회를 주셨습니다.

제 둘째 아들이 운전을 배우다가 사고를 일으키고 나더니 "아빠, 저 다시는 운전 안할 거예요" 합니다. 그런데 제가 『그래도 해야 한다』고 했습니다. 그래서 당장 내일부터 다시 연습하자고 했습니다. 사고를 딛고 일어서야 운전을 잘할 수 있다는 생각에서였습니다. 그래서 연습을 시켜 줬더니 사고 낸 지 사흘 만에 운전면허를 취득해 왔습니다.

실패했던 그 자리에 다시 한번 서서 당당히 맞서 싸우지 않으면 똑같은 실패를 반복하게 될 것입니다. 도피하지 마십시오. 실패했던 그 자리에 용기 있게 다시 서십시오.

둘째로, **주님께서 베드로에게 변함없는 사랑을 확인시켜 주셨습니다.**

사랑은 말 이상의 것입니다. 예수께서는 언어보다 더 커다란 몸짓으로 제자를 향한 변함없는 사랑을 확인시켜 주십니다. 특별히 신앙인들은 주님과의 관계에서 한번 실패하게 되면 '이런 나를 주님이 아직도 사랑하실까?' 하는 마음을 갖게 됩니다. 이런 죄책감 때문에 주님께로부터 멀어지는 경우가 많습니다. 그런 것을 아셨던 주님께서는 베드로에게 변함없는 사랑을 확인시켜 주십니다. 실패했던 베드로. 타락했던 베드로. 자신을 배신했던 이 제자에게 예수께서 이 새벽 바닷가에서 하신 말씀이 무엇입니까? "와서 조반을 먹으라"는 것이었습니다. 바닷가에 숯불을 지피고 생선을 굽는 모습. 그리고 다 구웠으니 어서 와서 먹으라고 부르시는 모습. 따뜻하지 않습니까?

주님은 베드로가 자신을 부인한 것에 대해 전혀 거론하지 않으셨습니다. 베드로의 실패한 과거에 대해 예수님은 한마디도 하지 않으셨습니다. 그리고 식사가 끝날 때까지도 예수님은 침묵을 지키셨습니다. 그리고 식사를 마치자 베드로에게 물으십니다.
"요한의 아들 시몬아 네가 이 사람들보다 나를 더 사랑하느냐."
이것은 사랑한다는 말보다 더 강력한 선언입니다. 이것은 "내가 아직 너를 사랑하는 것은 분명한 사실인데. 그렇다면 내가 확인하고 싶은 것은 너도 아직 나를 사랑하느냐는 것이다"라고 물으시는 것이나 다름 없습니다. 아마도 예수님의 이 음성을 들으면서 베드로의 얼어붙었던 가슴은 한없이 녹아내리고 있었을 것입니다.

셋째로, **주님께서 베드로에게 새로운 과제를 맡기셨습니다.**

"요한의 아들 시몬아 네가 이 사람들보다 나를 더 사랑하느냐."

『주여 그러하외다 내가 주를 사랑하는 줄 주께서 아시나이다.』

베드로가 이 대답을 할 때 큰 소리로 자신 있게 했을 것 같습니까, 아니면 기어들어가는 목소리로 말했을 것 같습니까? 틀림 없이 후자였을 것입니다. 옛날의 베드로였다면 어떻게 대답했겠습니까? "주님, 그것을 지금 질문이라고 하십니까? 저는 누구보다도 주님을 사랑한다구요"라고 말했을 것입니다. 그러나 이제 더 이상 베드로는 자신 없어 합니다. 실패를 통해 비로소 자신의 연약한 모습을 보게 되었기 때문입니다.

베드로는 자신이 얼마나 기대에 못 미치는 자인지를 뻔히 아시는 주님께서 "네가 나를 사랑하느냐"고 세번씩이나 물으시는 게 부담스러웠을 것입니다. 그럼에도 불구하고 주님께서는 베드로의 대답을 들은 뒤에 반복해서 "내 어린 양을 먹이라"고 당부하십니다. 자신 없어 하는 제자에게 오히려 새로운 과제를 맡기십니다.

자기 연약함을 알기에 이제는 더 이상 자기를 의지하는 자가 아니라 겸허히 주님 발 앞에 엎드릴 준비가 되어 있는 사람, 이런 사람을 주께서는 쓰십니다. 세상은 자신 만만한 사

람을 쓸지 몰라도 하나님 나라에서는 그런 사람을 쓰지 않습니다.

베드로가 맨 처음 주님께 받은 사명이 무엇이었습니까? "사람 낚는 어부"의 사명, 다시 말해 전도의 사명이었습니다. 그러나 "어린 양을 먹이라"는 것은 양육의 사명입니다. 전도하는 것이 힘들겠습니까, 양육하는 것이 힘들겠습니까? 다르게 물어 보겠습니다. 아이를 낳는 것이 힘듭니까, 키우는 것이 힘듭니까? 생명을 낳는 것도 물론 엄청난 고통이 뒤따릅니다. 그러나 그보다 훨씬 더 큰 고통은 키우는 것입니다. 그런데 실패했던 제자 베드로에게 주님께서는 더 커다란 사명을 맡기십니다. 이제 베드로는 겸손히 주님을 의지할 준비가 되어 있는 사람으로 달라져 있었기 때문입니다. 주님은 실패했다고 해서 내 맡은 사명을 박탈해 가시지 않습니다. 실패를 통해서 배운 사람은 더 쓸모 있는 인생이 될 수 있습니다. 실패 자체는 자랑스러운 것이 아닙니다. 그러나 실패를 통해서 배운 사람에게 그것은 위대한 인생 자산(資産)이 될 수 있습니다. 그리고 주님께서는 그런 사람에게 더 큰 과제를 맡기십니다.

넷째로, **주님께서 베드로에게 궁극적인 승리를 보장해 주셨습니다.**

"내가 진실로 진실로 네게 이르노니 젊어서는 네가 스스로 띠 띠고 원하는 곳으로 다녔거니와 늙어서는 네 팔을 벌리리니 남이 네게 띠 띠우고 원치 아니하는 곳으로 데려가리라"(18절).

여기서는 "젊어서는"이라는 말과 "늙어서는"이라는 말이 대조를 이루고 있습니다. 젊어서는 베드로가 주님을 믿는다고 하면서도 마음대로 살았지만. 그러나 이제부터는(늙어서는) 그의 인생이 조금씩 달라질 거라는 말씀입니다.

"늙어서는 남이 베드로를 띠 띠우고 원치 않는 곳으로 데리고 간다"는 것은 이제부터는 주님께서 베드로의 삶에 개입하시겠다는 의미입니다. 그 정확한 의미가 그 다음 절에 기록되어 있습니다.

"이 말씀을 하심은 베드로가 어떠한 죽음으로 하나님께 영광을 돌릴 것을 가리키심이러라."

결국 주님께서 베드로의 인생이 승리로 끝날 것을 예고해 주신 것입니다. 실패했던 사람은 또 실패할지 모른다는 두려움에 사로잡히기 쉽습니다. 그런 불안한 마음을 가지고 있을 때 다시 실패할 가능성은 더 커집니다. 그러나 주님께서는 실패한 베드로에게 승리를 보장하십니다.

"베드로야. 네 삶은 결국 하나님께 영광 돌리는 거룩한 승리로 마무리될 것이다. 안심하거라."

그러면서 나를 따르라고 하십니다. 처음 소명을 주실 때와 동일한 메시지가 주어졌습니다.

"나를 따르라. 그러나 이제는 마지막 승리를 내가 보장하니 안심하거라. 이제부터 내가 네 삶 속에 간섭하여 네 마지막이 영광이 되도록 이끌어 주마. 그러니 이제 새로운 각오로 나를 따르거라."
예수님이 주시는 궁극적 승리의 보장과 함께 베드로는 다시 일어납니다. 그리고 주님을 따릅니다.

그 후, 얼마 지나지 않아 베드로는 오순절 역사의 주인공이 되어, 성령의 충만함을 입고 복음을 전하는 전도자로 다시 태어나게 됩니다. 하나님께서는 베드로의 한 번 설교를 통해서 3천 명을 회개케 하는 놀라운 역사를 일으키십니다. 그를 통해 이방인 선교의 문을 여시고, 그로 하여금 초대교회의 기초가 되게 하십니다. 또한 전세계 복음화의 기초가 베드로를 통해 놓이게 됩니다. 베드로의 마지막은 주께서 보장하신 대로 승리로 장식되었습니다. 교회 야사에 따르면 그는 십자가에 거꾸로 매달려 순교하였다고 합니다.

우리의 인생이 비록 실수 많은 인생이라 할지라도, 주님을 진정으로 사랑하는 인생이라면 주께서 마지막 승리를 보장하실 것입니다. 믿음의 실패를 통해서 깨닫고 배우고 겸허하게 주님만 의지한다면 우리 생애 마지막은 하나님께 영광을 돌려 드리는 거룩한 승리로 마무리될 것입니다.

책번호 / 가 · 1107

인간적인 너무나
인간적인 제자 - 베드로

발행소 ● 종 합 선 교 - 나 침 반 社
NACHIMBAN MINISTRIES
(등록 1980년 3월 18일 / 제 2-32호)
편집 겸 발행인 ● 김 용 호
ⓒ2000 KIM YONG-HO

**나침반社는
우리를 구원하신
아름다운 주님을
21세기 문명의
이기(利器)를 통하여 널리
전하고 싶습니다.**

초판발행시 선교사역의 동참자들

강정림 · 김응국 · 남희경 · 이계복 · 이기쁨
이문숙 · 이부국 · 이현주 · 양진선 · 송정규
송종환 · 최현규   (가, 나, 다…순)

연락처

• 우편/ 110-616 서울 광화문 사서함 1641호
　　K.P.O. BOX 1641, SEOUL, 110-616, KOREA
• E-Mail navan @ chollian.net
• 우체국대체구좌 / 010041-31-1201888
• 은행지로번호 / 각은행 99번 창구 3000366번
• 전화 / 본사사무용(02)2279-6321~3
　　　서점주문용(02)2606-6012~4
• 팩스 / 본사사무용(02)2275-6003
　　　서점주문용(02)2606-6016

지은이 / 이 동 원

제 1 판 발행 / 1998년 1월 5일
제 5 판 발행 / 2000년 5월

나침반 신간안내 / 전화사서함 (02)152 - 응답후 6322

기독교 종합정보 / PC통신 천리안 · 하이텔 · 나우누리 · 유니텔 GO NIC

값은 뒷표지에 있습니다. • PRINTED IN KOREA

ISBN 89-318-1134-9